大方廣佛華嚴經

일러두기

1. 『대방광불화엄경 강설』원문原文의 저본底本은 근세에 교정이 가장 잘 되었다고 정평이 나 있는 대만臺灣의 불타교육기금회佛陀教育基金會에서 출판한 『화엄경소초華嚴經疏鈔』본입니다.

2. 『대방광불화엄경 강설』은 실차난타實叉難陀가 695년부터 699년까지 4년에 걸쳐 번역해 낸 80권본卷本 『대방광불화엄경』을 우리말로 옮기고 강설을 붙인 것입니다.

3. 『대방광불화엄경』은 애초 산스크리트에서 한역漢譯된 경전이지만 현재 산스크리트본은 소실된 상태입니다. 산스크리트를 음차한 경우 굳이 원래 소리를 표기하려고 하기보다는 『표준국어대사전』이나 『불교사전』 등에 등재된 한자음을 사용하는 것을 원칙으로 하였습니다.

4. 경문의 한글 번역은 동국역경원본을 참고하여 그대로 또는 첨삭을 하며 의미대로 번역하고 다듬었습니다.

5. 각 품마다 내용에 따라 단락을 나누고 제목을 달았습니다. 단락의 제목은 주로 청량淸凉스님의 견해에 기초하였고 이통현李通玄장자의 견해를 참고로 하였습니다.

6. 『대방광불화엄경 강설』의 발행 순서는 한역 경전의 편재 순서를 기준으로 하였고 각 권은 단행본 한 권씩으로 출간될 예정이며 모두 80권으로 완간됩니다. 다만 80권본에 빠져 있는 「보현행원품」은 80권본 완역 및 강설 후 시리즈에 포함돼 추가될 예정입니다.

7. 『대방광불화엄경 강설』 안에서 불교용어를 풀이한 것은 운허스님이 저술하고 동국역경원에서 편찬한 『불교사전』을 인용하였습니다.

8. 각주의 청량스님의 소疏는 대만에서 입력한 大方廣佛華嚴經 사이트의 것을 사용하였습니다.

9. 『대방광불화엄경 강설』 입법계품에 들어가는 문수지남도는 북송北宋시대 불국佛國선사가 선재동자가 53명의 선지식을 친견하여 법을 구하는 장면을 하나하나 그림으로 그린 것입니다.

대방광불화엄경 강설
제 18 권

十八. 명법품明法品

실차난타實叉難陀 한역
무비스님 강설

서문

"불자여, 보살이 이와 같은 지혜를 구족하면 삼보三寶의 종성種性이 영원히 끊어지지 않게 하나니, 무슨 까닭인가. 보살마하살이 모든 중생들로 하여금 보리심을 내게 하므로 부처님의 종성이 끊어지지 않게 하며, 항상 중생을 위하여 법장法藏을 열어 보이므로 법보法寶의 종성이 끊어지지 않게 하며, 교법教法을 잘 받들어 어기지 아니하므로 승보僧寶의 종성이 끊어지지 않게 하느니라."

"다시 또 일체 큰 소원을 모두 칭찬하므로 부처님의 종성이 끊어지지 않게 하며, 인연의 문을 분별하여 연설하므로 법보의 종성이 끊어지지 않게 하며, 여섯 가지 화합하는 법[六和敬法]을 부지런히 닦으므로 승보의 종성이 끊어지지 않게 하느니라."

"다시 또 중생이란 밭에 부처님 종자를 심으므로 부처님의 종성이 끊어지지 않게 하며, 바른 법을 호지하여 목숨을 아끼지 아니하므로 법보의 종성이 끊어지지 않게 하며, 대중을 통솔하여 고달픈 줄 모르므로 승보의 종성이 끊어지지 않게 하느니라."

불법이 이와 같이 세상에 머물고, 그나마 도덕과 윤리가 이와 같이 머물고, 사람과 일체 존재에 대한 올바른 이치의 가르침이 이와 같이 펼쳐진 것은 오로지 삼보의 종성이 끊어지지 아니하고 영원히 이어지기 때문입니다.

그러므로 우리들 삼보는 스스로의 정체성에 깊은 이해가 있어야 하겠습니다. 우리들 삼보는 스스로가 세상에서 가장 존귀한 보물임을 깨달아 순간순간 감동의 삶이 되어야 하겠습니다. 우리들 삼보는 삼보의 종성이 영원히 계속되도록 부처님을 널리 알리고, 진리의 가르침을 더욱 널리 전파하고, 무수한 불자들을 끊임없이 길러 내야 할 것입니다.

2014년 12월 15일
신라 화엄종찰 금정산 범어사
如天 無比

대방광불화엄경 목차

제1권	1. 세주묘엄품世主妙嚴品 [1]		제18권	18. 명법품明法品
제2권	1. 세주묘엄품世主妙嚴品 [2]		제19권	19. 승야마천궁품昇夜摩天宮品
제3권	1. 세주묘엄품世主妙嚴品 [3]			20. 야마천궁게찬품夜摩天宮偈讚品
제4권	1. 세주묘엄품世主妙嚴品 [4]			21. 십행품十行品 [1]
제5권	1. 세주묘엄품世主妙嚴品 [5]		제20권	21. 십행품十行品 [2]
제6권	2. 여래현상품如來現相品		제21권	22. 십무진장품十無盡藏品
제7권	3. 보현삼매품普賢三昧品		제22권	23. 승도솔천궁품昇兜率天宮品
	4. 세계성취품世界成就品		제23권	24. 도솔궁중게찬품兜率宮中偈讚品
제8권	5. 화장세계품華藏世界品 [1]			25. 십회향품十廻向品 [1]
제9권	5. 화장세계품華藏世界品 [2]		제24권	25. 십회향품十廻向品 [2]
제10권	5. 화장세계품華藏世界品 [3]		제25권	25. 십회향품十廻向品 [3]
제11권	6. 비로자나품毘盧遮那品		제26권	25. 십회향품十廻向品 [4]
제12권	7. 여래명호품如來名號品		제27권	25. 십회향품十廻向品 [5]
	8. 사성제품四聖諦品		제28권	25. 십회향품十廻向品 [6]
제13권	9. 광명각품光明覺品		제29권	25. 십회향품十廻向品 [7]
	10. 보살문명품菩薩問明品		제30권	25. 십회향품十廻向品 [8]
제14권	11. 정행품淨行品		제31권	25. 십회향품十廻向品 [9]
	12. 현수품賢首品 [1]		제32권	25. 십회향품十廻向品 [10]
제15권	12. 현수품賢首品 [2]		제33권	25. 십회향품十廻向品 [11]
제16권	13. 승수미산정품昇須彌山頂品		제34권	26. 십지품十地品 [1]
	14. 수미정상게찬품須彌頂上偈讚品		제35권	26. 십지품十地品 [2]
	15. 십주품十住品		제36권	26. 십지품十地品 [3]
제17권	16. 범행품梵行品		제37권	26. 십지품十地品 [4]
	17. 초발심공덕품初發心功德品		제38권	26. 십지품十地品 [5]

제39권	26. 십지품十地品 [6]	제58권	38. 이세간품離世間品 [6]
제40권	27. 십정품十定品 [1]	제59권	38. 이세간품離世間品 [7]
제41권	27. 십정품十定品 [2]	제60권	39. 입법계품入法界品 [1]
제42권	27. 십정품十定品 [3]	제61권	39. 입법계품入法界品 [2]
제43권	27. 십정품十定品 [4]	제62권	39. 입법계품入法界品 [3]
제44권	28. 십통품十通品	제63권	39. 입법계품入法界品 [4]
	29. 십인품十忍品	제64권	39. 입법계품入法界品 [5]
제45권	30. 아승지품阿僧祇品	제65권	39. 입법계품入法界品 [6]
	31. 여래수량품如來壽量品	제66권	39. 입법계품入法界品 [7]
	32. 보살주처품菩薩住處品	제67권	39. 입법계품入法界品 [8]
제46권	33. 불부사의법품佛不思議法品 [1]	제68권	39. 입법계품入法界品 [9]
제47권	33. 불부사의법품佛不思議法品 [2]	제69권	39. 입법계품入法界品 [10]
제48권	34. 여래십신상해품如來十身相海品	제70권	39. 입법계품入法界品 [11]
	35. 여래수호광명공덕품 如來隨好光明功德品	제71권	39. 입법계품入法界品 [12]
		제72권	39. 입법계품入法界品 [13]
제49권	36. 보현행품普賢行品	제73권	39. 입법계품入法界品 [14]
제50권	37. 여래출현품如來出現品 [1]	제74권	39. 입법계품入法界品 [15]
제51권	37. 여래출현품如來出現品 [2]	제75권	39. 입법계품入法界品 [16]
제52권	37. 여래출현품如來出現品 [3]	제76권	39. 입법계품入法界品 [17]
제53권	38. 이세간품離世間品 [1]	제77권	39. 입법계품入法界品 [18]
제54권	38. 이세간품離世間品 [2]	제78권	39. 입법계품入法界品 [19]
제55권	38. 이세간품離世間品 [3]	제79권	39. 입법계품入法界品 [20]
제56권	38. 이세간품離世間品 [4]	제80권	39. 입법계품入法界品 [21]
제57권	38. 이세간품離世間品 [5]	제81권	40. 보현행원품普賢行願品

대방광불화엄경 강설 제18권

十八. 명법품明法品

1. 정진혜보살이 법을 묻다 ·· 15
   1) 수승한 지위에 나아가다 ··································· 15
   2) 성취해야 할 행의 근본을 묻다 ·························· 17
   3) 성취해야 할 덕의 작용을 묻다 ·························· 21
   4) 부처님의 평등한 작용을 묻다 ··························· 25

2. 정진혜보살이 게송을 설하다 ·································· 30
   1) 설하는 사람을 찬탄하다 ··································· 30
   2) 초발심공덕을 찬탄하다 ···································· 31
   3) 수행해야 할 근본을 말하다 ······························· 32
   4) 수행하여 이룰 인의 덕을 말하다 ······················· 35
   5) 과의 덕을 말하다 ··· 38

目次

3. 법혜보살의 설법 ·· 40
  1) 물음을 찬탄하고 설할 것을 허락하다 ················· 40
  2) 어리석음을 여의고 방일하지 말라 ······················ 42
  3) 방일하지 않는 열 가지 법 ···································· 44
  4) 방일하지 않으면 열 가지 청정함을 얻는다 ········· 47
  5) 부처님을 환희하게 하다 ······································· 51
    (1) 방일하지 않아 부처님을 환희하게 하다 ·············· 51
    (2) 부처님을 환희하게 하는 열 가지 법 ····················· 53
    (3) 부처님을 환희하게 하는 또 열 가지의 법 ··········· 57
  6) 보살의 지위에 머물다 ··· 59
    (1) 지위에 들게 하는 열 가지의 법 ···························· 59
    (2) 보살의 지위에 머물러 관찰하다 ·························· 62
    (3) 보살 지위의 수승함 ·· 65
  7) 보살행의 청정함을 말하다 ··································· 67
    (1) 청정의 인이 되는 열 가지의 법 ···························· 67
    (2) 더 수승한 열 가지의 법 ··· 70
  8) 보살의 큰 서원 ·· 73
    (1) 보살의 열 가지 큰 서원 ··· 73
    (2) 열 가지 법으로 큰 원을 원만하게 하다 ··············· 77
  9) 서원 만족과 십무진장 ··· 80

9

10) 교화할 바를 따라서 법을 설하다 ·················83
11) 덕을 갖추어 설법의 이익을 이루다 ················ 92
12) 모든 바라밀을 장엄하다 ························· 98
 (1) 보시바라밀 ································· 99
 (2) 지계바라밀 ································ 100
 (3) 인욕바라밀 ································ 101
 (4) 정진바라밀 ································ 102
 (5) 선정바라밀 ································ 103
 (6) 반야바라밀 ································ 108
 (7) 방편바라밀 ································ 110
 (8) 원바라밀 ·································· 112
 (9) 역바라밀 ·································· 114
 (10) 지혜바라밀 ······························· 117
13) 법을 설하여 해탈을 얻게 하다 ················· 119
14) 삼보의 종성이 끊어지지 않게 하다 ·············· 125
15) 보살의 선근 방편 ···························· 131
 (1) 간략히 밝히다 ····························· 131
 (2) 열 가지 장엄을 밝히다 ······················ 133
 (3) 다른 이를 이롭게 함이 헛되지 않음을 밝히다 ········ 138

16) 보살행의 인의 덕 ················· 141
　　17) 보살행의 과의 덕 ················· 150
　　　(1) 큰 법사가 되어 법장을 호지하다 ·············· 150
　　　(2) 세간이 함께 환희하다 ················ 153
　　　(3) 열 가지 자재를 나타내다 ··············· 154
　　　(4) 여래의 법을 연설하다 ················ 157
　　　(5) 정법을 수지하여 스스로 장엄하다 ············ 159
　　　(6) 정법 수지의 10종 덕 ················ 161

4. 게송으로 거듭 설하다 ················· 167
　1) 성취한 바 수행의 자체를 말하다 ············ 167
　2) 수행으로 이룬 덕을 말하다 ·············· 173

대방광불화엄경 강설

제18권

十八. 명법품

제3회 6품 설법의 마지막 품이다. 명법품明法品은 부처님의 정법을 밝힌다는 뜻으로 앞의 초발심공덕의 설법을 더욱 완전하게 하기 위하여 설한 내용이다. 발심의 공덕이 아무리 수승하더라도 멈추면 안 된다. 그래서 방일하지 말고 더욱 정진하게 하는 여러 가지 수승한 법들을 분명하게 밝혔다. 이 품의 발기인으로서 무한히 앞으로 나아간다는 의미의 정진혜精進慧보살이 법을 물은 뜻이 이것이다. 청량스님은 "범본梵本을 갖추어 번역하면 반드시 법광명품法光明品이라고 해야 한다."고 하였다. 정법의 광명은 그 어떤 광명보다 밝게 빛나며 어리석고 미혹에 빠진 중생들을 저 밝은 광명의 길로 안내한다.

1. 정진혜精進慧보살이 법을 묻다

1) 수승한 지위에 나아가다

爾時_에 精進慧菩薩_이 白法慧菩薩言_{하사대} 佛子_야
菩薩摩訶薩_이 初發求一切智心_{하야} 成就如是無
量功德_{하야} 具大莊嚴_{하며} 昇一切智乘_{하며} 入菩薩
正位_{하며} 捨諸世間法_{하고} 得佛出世法_{하며} 去來現
在諸佛攝受_로 決定至於無上菩提究竟之處_{하나니라}

그때에 정진혜보살이 법혜보살에게 일러 말하였습니다.

"불자여, 보살마하살이 일체 지혜를 구하려는 마음을

처음 내고는 이와 같이 한량없는 공덕을 성취하여 큰 장엄을 구족하고, 일체 지혜의 수레에 올라서 보살의 바른 지위에 들어갔으며, 모든 세간법을 버리었고 부처님의 출세간법을 얻었으며, 과거 미래 현재의 모든 부처님이 거두어 주시므로 가장 높은 보리의 구경의 곳에 결정코 이를 것입니다."

초발심공덕에 대하여 산문과 게송까지 설하여 마치고 나자 문득 정진혜보살이 법혜보살에게 질문을 던진다. 초발심공덕이 워낙 훌륭하고 뛰어나서 대중들이 그것으로 만족하고 더 이상 정진하지 않을 것을 염려하여 더욱 수승한 법을 얻으려면 무슨 법을 닦아야 하는지에 대해서 물었다. 첫마디로 질문에 들어가기 전 앞에서 설한 내용을 간단히 정리하여 찬탄하고 나서 "과거 미래 현재의 모든 부처님이 거두어 주시므로 가장 높은 보리의 구경의 곳에 결정코 이를 것입니다."라고 하면서 명법품의 서두를 시작하였다.

일체 지혜를 구하려는 마음, 즉 보리심을 발하여 위에서 밝힌 한량없는 공덕을 성취하였고, 큰 장엄을 갖추었으며,

모든 세간법을 버리었고 부처님의 출세간법을 얻었다는 점을 찬탄하였다.

2) 성취해야 할 행의 근본을 묻다

彼諸菩薩이 **於佛敎中**에 **云何修習**하야사 **令諸**
如來로 **皆生歡喜**하며 **入諸菩薩所住之處**하며 **一**
切大行이 **皆得淸淨**하며 **所有大願**을 **悉使滿足**하며
獲諸菩薩廣大之藏하며

"저 모든 보살들이 부처님의 교법 가운데서 무엇을 닦으면 모든 여래로 하여금 환희케 하며, 모든 보살의 머무는 곳에 들어가며, 일체 큰 행이 다 청정함을 얻으며, 큰 서원을 다 만족하게 하며, 모든 보살의 광대한 곳집[藏]을 얻을 수 있습니까?"

불교에는 수많은 수행법이 있다. 그래서 불교를 수행의 종교라고 한다. 과연 불교를 믿는 불자로서 무슨 수행을 어떻게 하면 부처님과 모든 깨달은 사람들이 기뻐할까? 이 질문은 참으로 불자들이 항상 생각해야 할 문제다. 설사 큰 수행은 아니더라도 세상의 이해관계와 시시비비를 만났을 때 반드시 갈등하며 고민해 봐야 할 질문이다. '이럴 때 과연 부처님의 뜻은 무엇일까?'라고.

또 '무슨 수행을 어떻게 닦아야 보살들이 머무는 곳에 들어갈 수 있을까? 관음보살, 지장보살, 문수보살, 보현보살의 삶은 과연 어떤 것이며, 그들과 함께 머물 수 있을까? 무슨 수행을 어떻게 해야 모든 행위가 빛나고 훌륭할까?'

또 '무슨 수행을 어떻게 해야 가없는 중생을 다 건지겠다는 원과, 다함이 없는 번뇌를 다 끊겠다는 원과, 한량없는 법문을 다 배우겠다는 원과, 가장 높은 불도를 다 이루겠다는 원을 모두 만족시킬 수 있을까? 모든 보살들의 크고 넓은 곳집에는 무엇이 있으며, 그 곳집에 있는 것을 다 얻을 수 있을까?'를 물었다.

수소응화   상위설법   이항불사바라밀
隨所應化하야 **常爲說法**호대 **而恒不捨波羅蜜**

행   소념중생   함령득도   소삼보종   사
行하며 **所念衆生**을 **咸令得度**하고 **紹三寶種**하야 **使**

부단절   선근방편   개실불허
不斷絕하며 **善根方便**이 **皆悉不虛**리이고

 "또 응당 교화할 바를 따라 항상 법을 설하면서 바라밀다의 행을 늘 버리지 아니하며, 생각하는 바의 중생들을 모두 제도하게 하며, 삼보三寶의 종성種性을 이어 끊어지지 않게 하며, 선근과 방편이 다 헛되지 않게 하겠습니까?"

 보살은 중생을 깨우치기 위해 항상 설법을 해야 한다. 그러면서 한편 육바라밀과 십바라밀의 실천을 잊어서는 안 된다. 이것이 언행일치다. '보살로서 부처님의 교법 안에서 무슨 수행을 어떻게 해야 이것이 가능할까? 중생들을 다 제도케 하여 삼보의 종성을 이어서 끊어지지 않게 하려면 무슨 수행을 어떻게 해야 하는가? 중생을 제도하기 위해서 베푸는 선근과 방편이 헛되지 않고 그 결실을 거두려면 어떻게

수행을 해야 할까?'

佛子야 彼諸菩薩이 以何方便으로 能令此法當
得圓滿이니잇고 願垂哀愍하사 爲我宣說하소서 此諸
大會가 靡不樂聞이니이다

"불자여, 저 모든 보살들이 무슨 방편을 쓰면 능히 이 법을 원만케 할 수 있겠습니까? 원하건대 애민하게 여기사 저희를 위하여 말씀해 주십시오. 여기 모인 모든 대중들이 모두 즐겨 듣고자 합니다."

보살이 성취해야 할 행의 근본에 대해서 결론적으로 물었다. "법혜보살님이시여, 저 모든 보리심을 발한 보살들이 무슨 수행 방편을 써야 이 모든 법을 다 원만히 할 수 있겠습니까? 모두들 듣고 싶어합니다. 부디 좀 설하여 주십시오."

3) 성취해야 할 덕德의 작용을 묻다

復次如諸菩薩摩訶薩이 常勤修習하야 滅除一切無明黑闇하며 降伏魔怨하고 制諸外道하며 永滌一切煩惱心垢하며 悉能成就一切善根하며 永出一切惡趣諸難하며 淨治一切大智境界하며

"또다시 저 모든 보살마하살들이 어떻게 항상 부지런히 닦아야 일체 무명의 어두움을 없애 버리며, 마군을 항복 받고 외도들을 제어하며, 일체 번뇌의 때를 영원히 씻으며, 일체 선근善根을 다 능히 성취하며, 일체 나쁜 갈래의 모든 액난에서 길이 벗어나며, 일체 큰 지혜의 경계를 깨끗이 다스리겠습니까?"

보살이 성취해야 할 덕의 작용을 묻는다. 진실로 덕이 충만한 보살에게는 번뇌의 어두움이 없으며, 항복 받을 마군도 없으며, 제어할 외도도 없으며, 씻어 버릴 번뇌의 때도 없

다. 또 덕이 충만하면 일체 선근을 능히 성취하며, 나쁜 갈래의 모든 액난에서 길이 벗어난다. 그리고 큰 지혜 경계를 깨끗이 다스린다.

成就一切菩薩諸地와 諸波羅蜜과 總持三昧와
六通三明과 四無所畏의 淸淨功德하며 莊嚴一切
諸佛國土와 及諸相好와 身語心行하야 成就滿足하며

"또 일체 보살의 모든 지위와 모든 바라밀다와 다라니와 삼매와 여섯 가지 신통과 삼명三明과 네 가지 두려움이 없는 청정공덕을 성취하며, 일체 부처님의 모든 국토를 장엄하고 모든 상호를 갖춘 몸과 말과 마음의 행을 만족하게 성취하겠습니까?"

보리심을 발한 보살이 무슨 수행을 어떻게 하면 보살 수행계위인 십주, 십행, 십회향, 십지, 등각, 묘각의 모든 지위점차를 만족하게 성취하겠습니까? 또 육바라밀과 십바라밀과 다라니와 일체 삼매를 원만하게 성취하겠습니까? 또 육신통과 삼명明과 네 가지 두려움이 없는 청정공덕을 원만하게 성취하겠습니까? 또 일체 국토를 장엄하고 모든 상호를 갖추며 신구의 삼업의 행을 원만하게 성취하겠습니까?

선지 일체 제 불 여래 역무소외 불공불법
善知一切諸佛如來의 力無所畏와 不共佛法과

일체지지 소행경계
一切智智의 所行境界하며

"또 일체 모든 부처님 여래의 힘과 두려움 없음과 함께하지 않는 부처님 법과 일체 지혜의 지혜로 행할 경계를 알겠습니까?"

또 무슨 수행을 어떻게 하면 일체 여래의 열 가지 힘과 두려움 없음과 십팔불공법과 일체 평등 지혜와 차별 지혜의 행할 경계를 원만하게 성취하겠습니까?

위욕성숙일체중생   수기심락   이취불
爲欲成熟一切衆生하야 **隨其心樂**하야 **而取佛**

토   수근수시   여응설법   종종무량광대
土하고 **隨根隨時**하야 **如應說法**하야 **種種無量廣大**

불사   급여무량제공덕법   제행제도   급제
佛事하며 **及餘無量諸功德法**과 **諸行諸道**와 **及諸**

경계   개실원만   질여여래   공덕평등
境界를 **皆悉圓滿**하야 **疾與如來**로 **功德平等**하리까

 "또 일체 중생을 성숙하게 하려고 그들의 마음에 좋아함을 따라 부처님 국토를 취하며, 근성을 따르고 시기를 따라 잘 맞추어 법을 설하여, 갖가지 한량없이 광대한 불사佛事를 지을 수 있겠습니까? 그 밖의 한량없는 모든 공덕의 방법과 모든 행行과 모든 도道와 모든 경계들을 다 원만하게 하여 빨리 여래와 더불어 공덕을 평등하게 하겠습니까?"

 또 보살이 무슨 수행을 어떻게 해야 일체 중생을 위한 광대한 모든 불사를 지을 수 있겠습니까? 그리고 한량없는 공덕의 방법과 행과 도와 경계를 원만히 하여 여래와 더불어 그 공덕을 평등하게 할 수 있습니까?

4) 부처님의 평등한 작용을 묻다

於諸如來應正等覺이 **百千阿僧祇劫**에 **修菩薩**
_{어제여래응정등각} _{백천아승지겁} _{수보살}

行時에 **所集法藏**을 **悉能守護**하야 **開示演說**하며 **諸**
_{행시} _{소집법장} _{실능수호} _{개시연설} _제

魔外道가 **無能沮壞**하며 **攝持正法**을 **無有窮盡**하며
_{마외도} _{무능저괴} _{섭지정법} _{무유궁진}

"모든 여래 응정등각應正等覺께서 백천 아승지겁 동안 보살행을 닦을 때에 모은 모든 법장을 다 수호하고 연설하여 보이며, 모든 마군과 외도들이 능히 방해하지 못하고, 바른 법을 거두어 지니되 다함이 없겠습니까?"

또 보살이 무슨 수행을 어떻게 해야 모든 여래께서 오랜 세월 동안 수행하여 모은 법장을 다 수호하고 연설하여 보일 수 있습니까?

진정한 불자인 보살은 당연히 모든 여래의 법장을 잘 수호하여야 하며 많은 사람들에게 널리 연설하여 깨우쳐야 한다. 그것이 불자의 가장 큰 임무다. 또 이교도나 마군들이

불교를 저해하지 못하게 막아야 한다. 오늘날 우리나라에는 "사찰이 무너져라."고 외치는 이교도들이 너무 많다. 훼불毁佛 사건과 사찰 방화 사건도 자주 있는 시대다. 그러므로 정법을 잘 지켜서 영원무궁토록 가게 해야 한다.

於一切世界에 **演說法時**에 **天王龍王夜叉王乾闥婆王阿修羅王迦樓羅王緊那羅王摩睺羅伽王人王梵王如來法王**이 **皆悉守護**하며

"또 모든 세계에서 법을 연설할 적에 천왕과 용왕과 야차왕과 건달바왕과 아수라왕과 가루라왕과 긴나라왕과 마후라가왕과 인왕과 범왕과 여래법왕이 모두 수호하겠습니까?"

또 보살이 무슨 수행을 어떻게 해야 모든 세계에서 부처님의 정법을 연설할 때에 천룡팔부와 여래법왕께서 낱낱이

지키고 보호하게 할 수 있습니까?

법을 설할 때에 반드시 외호 대중이 있어서 지켜 주어야 한다. 또 경제적인 어려움이 없도록 도와주는 단월도 반드시 있어야 한다. 또 청법 대중이 많이 모여 법석이 성왕하도록 만들어야 법을 듣는 사람들이 불편함이 없고 신심도 우러난다. 실로 어떤 수행을 쌓아야 이 모든 조건이 잘 갖추어질까? 전법 포교하는 사람들에게는 아주 중요한 문제들이다.

一切世間이 恭敬供養하며 同灌其頂하야 常爲 諸佛之所護念하며 一切菩薩이 亦皆愛敬하며 得善根力하야 增長白法하며 開演如來甚深法藏하며 攝持正法하야 以自莊嚴하나니 一切菩薩의 所行次第를 願皆演說하소서

"일체 세간이 공경 공양하며, 항상 부처님들의 호념하심이 되어 함께 머리에 물을 부어 주며, 일체 보살들이 모두 사랑하고 공경하며, 선근의 힘을 얻어 백법白法이 증장하며, 여래의 깊은 법장法藏을 연설하고, 바른 법을 거두어 지님으로 스스로를 장엄하나니, 일체 보살의 수행하는 차례를 모두 연설해 주시기 바라나이다."

"항상 부처님들의 호념하심이 되어 함께 머리에 물을 부어 주며[同灌其頂 常爲諸佛之所護念]"라는 글은 청량스님께서 "범본에 준하면 번역문과 같이 되어 있으므로 반드시 앞뒤의 글을 바꿔야 한다."[1]고 하였다. 그래서 여기에서도 범본을 따랐다.

"머리에 물을 부어 준다."는 말은 부처님의 법을 잇는다는 뜻이다. 또 백법白法이란 선한 법이며 착한 법이며 부처님의 정법이다. 선근의 힘을 얻어 부처님의 정법을 증장시켜 여래의 깊고 깊은 법장을 널리 연설하는 일이다. 정법을 잘 지니는 것으로 스스로를 장엄한다고 하였는데 진정한 불자는

---

1) 諸佛灌頂. 準梵本云：一切如來 共所守護 同灌其頂. 故應迴文.

오로지 부처님의 정법으로써 자신의 장엄을 삼아야 한다. 부귀공명을 자신을 장엄하는 것으로 여기는 것은 속된 무리들이나 하는 일이다. "이와 같은 등등의 일체 보살의 수행 차제를 원컨대 모두 다 연설하여 주십시오."라고 하였다. 처음의 "보살은 무슨 수행을 어떻게 하여야 합니까?"라는 것으로 시작한 길고 긴 질문의 끝을 맺었다.

2. 정진혜보살이 게송을 설하다

1) 설하는 사람을 찬탄하다

이시에 정진혜보살이 욕중선기의하사 이설송
爾時에 **精進慧菩薩**이 **欲重宣其義**하사 **而說頌**
언
言하사대

그때에 정진혜보살이 그 뜻을 거듭 펴려고 게송으로 말하였습니다.

대명칭자선능연 보살소성공덕법
大名稱者善能演 **菩薩所成功德法**하시니
심입무변광대행 구족청정무사지
深入無邊廣大行하며 **具足淸淨無師智**로다

보살들이 성취한 공덕의 법을

크게 소문나신 이가 잘 연설하시니
그지없는 광대행에 깊이 들어가
스승 없는 지혜를 구족히 청정케 하도다.

   수행이란 반복하여 익히는 일이다. 정진혜보살이 반복하여 익히기 위해서 게송으로 거듭 설하였다. 부처님은 세상에서 그 이름을 가장 크게 드날리시는 분이다. 제일 유명한 분이시다. 그래서 대명칭자大名稱者라고 한다. 그분께서 초발심한 보살의 공덕을 연설하신다. 초발심을 발한 보살은 그지없는 광대한 수행에 깊이 들어가 자신이 본래로 가지고 있는 무사지無師智를 완전하고 청정케 하였다.

2) 초발심공덕을 찬탄하다

약 유 보 살 초 발 심	성 취 복 덕 지 혜 승
若有菩薩初發心에	**成就福德智慧乘**하고
입 리 생 위 초 세 간	보 획 정 등 보 리 법
入離生位超世間하야	**普獲正等菩提法**인댄

어떤 보살 처음으로 발심한 이는
복덕과 지혜의 법 모두 이루고
생사 떠난 자리에서 세간 뛰어나
바르고 평등한 보리법을 모두 얻었네.

초발심한 공덕을 간단히 밝혔다. 발심을 하면 양족존兩足尊이라고 하는 복덕과 지혜를 모두 성취한다. 또 생사를 해탈한 지위에 들어간다. 세속적인 모든 것을 초월한다. 부처님이 이루신 정각을 혹은 정등각正等覺이라고도 하는데 그 정등각의 깨달음을 다 얻는다.

3) 수행해야 할 근본을 말하다

피부운하불교중
彼復云何佛敎中에

견고근수전증승
堅固勤修轉增勝하야

영제여래실환희
令諸如來悉歡喜하며

불소주지속당입
佛所住地速當入하며

저들이 부처님의 가르침에서 어떻게 하면

견고하게 부지런히 닦는 일 더욱 증장케 하여
모든 여래로 하여금 환희케 하며
부처님 머무신 데 빨리 들어가겠습니까?

보리심을 발한 사람이 다시 부처님의 가르침 가운데서 어떤 수행을 견고하고 부지런히 하면 그 수행이 더욱 증장하고 수승해져서 모든 여래께서 환희하겠습니까? 또 부처님이 머무신 지위에 빨리 들어갈 수 있겠습니까?

소행 청정 원개 만
所行淸淨願皆滿하며

급득 광대 지혜 장
及得廣大智慧藏하며

상능설법도중생
常能說法度衆生호대

이심무의무소착
而心無依無所着하며

행하는 일 청정하고 소원이 만족하며
넓고 큰 지혜 곳집을 얻기도 하고
항상 능히 법을 설해 중생을 건져도
마음은 의지 없고 집착도 없겠습니까?

보살이 무슨 수행을 어떻게 닦으면 행은 청정하고, 소원은 만족하며, 넓고 큰 지혜의 창고를 얻으며, 항상 법을 설하여 중생을 교화하더라도 마음에는 그 하는 일에 아무런 의지함도 없고 집착이 없을 수 있겠습니까?

보 살 일 체 바 라 밀 　　실 선 수 행 무 결 감
菩薩一切波羅蜜을 　　**悉善修行無缺減**하며

소 념 중 생 함 구 도 　　상 지 불 종 사 부 절
所念衆生咸救度하며 　　**常持佛種使不絶**하며

보살들은 일체의 바라밀다를
모두 다 수행하여 모자람 없고
염려하는 중생들 모두 제도해
부처님의 종성을 항상 지녀 끊이지 않게 하겠습니까?

보살이 무슨 수행을 어떻게 닦아야 일체 바라밀을 잘 수행하고 중생들을 다 제도하여 부처님의 종성이 끊어지지 않게 할 수 있겠습니까?

| 소작견고부당연 | 일체공성득출리 |
| **所作堅固不唐捐**하야 | **一切功成得出離**니잇고 |

| 여제승자소수행 | 피청정도원선설 |
| **如諸勝者所修行**인 | **彼淸淨道願宣說**하소서 |

짓는 일 견고하여 헛되지 않고

일체 공덕 이루어 벗어납니까?

모든 수승한 이의 수행하는 바와 같이

청정한 그 도리를 말씀하소서.

보살이 무슨 수행을 어떻게 해야 하는 일이 견고하여 헛되지 않고 일체 공덕을 다 이루어 생사에서 벗어날 수 있겠습니까? 부처님의 수행과 같이 빛나고 청정한 그 길을 원컨대 설하여 주십시오.

4) 수행하여 이룰 인因의 덕을 말하다

| 영파일체무명암 | 항복중마급외도 |
| **永破一切無明暗**하며 | **降伏衆魔及外道**하며 |

소유 구 예 실 척 제   득 근 여 래 대 지 혜
所有垢穢悉滌除하며   **得近如來大智慧**하며

일체 어두운 무명을 영원히 깨뜨려 버리고

마군들과 외도들을 항복 받으며

때 묻고 더러운 것 씻어 제하여

여래의 큰 지혜에 가까이할 수 있겠습니까?

보살이 무슨 수행을 어떻게 하면 어두운 무명번뇌를 아주 깨뜨려 버리고 마군과 외도들을 항복 받을 수 있겠습니까? 또 때 묻고 더러운 것 다 씻어 버리고 여래의 큰 지혜에 가까이 다가설 수 있겠습니까?

영 리 악 취 제 험 난   정 치 대 지 수 승 경
永離惡趣諸險難하며   **淨治大智殊勝境**하며

획 묘 도 력 인 상 존   일 체 공 덕 개 성 취
獲妙道力隣上尊하야   **一切功德皆成就**하며

나쁜 갈래 험한 길을 길이 여의고

큰 지혜 수승한 경계를 청정하게 다스리며

묘한 도력道力 얻어서 부처님께 가까이하여
일체 공덕을 모두 다 성취하겠습니까?

또 무슨 수행을 어떻게 하면 지옥이나 아귀나 축생과 같은 삼악도를 영원히 떠나고 큰 지혜의 수승한 경계를 청정하게 다스리며 미묘한 도력을 얻어서 상존上尊이신 부처님께 가까이 하여 일체 공덕을 다 성취할 수 있겠습니까?

증득여래최승지
證得如來最勝智하고
주어무량제국토
住於無量諸國土하야
수중생심이설법
隨衆生心而說法하며
급작광대제불사
及作廣大諸佛事하나니

여래의 가장 수승한 지혜 증득하고서
한량없는 국토에 머물러 있고
중생의 마음 따라 법을 설하며
광대한 모든 불사 짓겠습니까?

또 보살이 무슨 수행을 어떻게 해야 여래의 지혜를 증득하고 한량없는 국토에 두루 머물 수 있겠습니까? 또 중생들의 마음에 알맞은 법을 설하여 광대한 불사를 지을 수 있겠습니까?

5) 과果의 덕을 말하다

운 하 이 득 제 묘 도
云何而得諸妙道하야

개 연 여 래 정 법 장
開演如來正法藏하며

상 능 수 지 제 불 법
常能受持諸佛法하야

무 능 초 승 무 여 등
無能超勝無與等이니잇고

어떻게 하면 미묘한 도리를 얻어
여래의 바른 법의 창고를 열어 말하고
언제나 모든 부처님 법을 받아 지니어
뛰어넘을 이도 없고 같을 이도 없겠습니까?

보살이 무슨 수행을 어떻게 해야 부처님이 깨달으신 미묘한 도리를 얻어 여래의 정법 창고를 열고 모든 법을 받아 지녀서 가장 높고 제일가는 경지에 이를 수 있겠습니까?

운 하 무 외 여 사 자   소 행 청 정 여 만 월
云何無畏如獅子하고   **所行淸淨如滿月**하며

운 하 수 습 불 공 덕   유 여 연 화 불 착 수
云何修習佛功德호대   **猶如蓮華不着水**니잇고

어떻게 하면 사자처럼 두려움 없고
행하는 일이 청정하기 보름달 같겠습니까?
어떻게 하면 부처님 공덕을 닦아 익혀서
물 안 묻는 연꽃과 같겠습니까?

또 보살이 무슨 수행을 어떻게 하면 중생을 교화하려 세상을 유행함에 마치 사자와 같이 당당하고 두려움이 없을 수 있겠습니까? 빼어난 모습이 마치 청정한 보름달과 같을 수 있겠습니까? 또 무슨 수행을 어떻게 하면 부처님이 성취하신 공덕을 닦아 익혀서 저 연꽃과 같이 진흙탕에 있어도 항상 청정하고 고결할 수 있겠습니까?
  앞의 장문에서 밝힌 내용들을 이와 같이 아름다운 게송으로 거듭 설하였다.

3. 법혜보살의 설법

1) 물음을 찬탄하고 설할 것을 허락하다

爾時_에 法慧菩薩_이 告精進慧菩薩言_{하사대} 善哉_라
佛子_여 汝今爲欲多所饒益_과 多所安樂_과 多所惠
利_로 哀愍世間諸天及人_{하야} 問於如是菩薩所修
淸淨之行_{하나니}

이때에 법혜보살이 정진혜보살에게 말하였습니다.

"훌륭하여라, 불자여. 그대가 지금 여러 사람들을 이롭게 하고, 안락케 하고, 은혜롭게 하며, 세간의 천신과 사람들을 가련히 여기어 이와 같은 보살이 닦는 청정한 행을 묻도다."

정진혜보살이 장문과 게송을 통하여 보살이 초발심한 뒤에 더욱 나아가야 할 수행에 대하여 질문한 것을 받아서 법혜보살이 그 질문을 찬탄하는 내용이다. 근래에 우리나라에도 문답식 설법이 유행한다. 법사가 찬탄하고 싶은 질문을 한다는 것은 쉬운 일이 아니다. 또한 개인의 질문이면서 많은 사람에게 이익과 안락이 되는 질문이어야 한다. 정진혜보살이 천신과 인간들의 이익과 안락을 위하여 보살이 닦는 청정한 행을 물었다.

불자 여주실법 발대정진 증장불퇴
佛子야 **汝住實法**하야 **發大精進**하고 **增長不退**하야

이득해탈 능작시문 동어여래 체청체
已得解脫하며 **能作是問**하야 **同於如來**하니 **諦聽諦**

청 선사념지 아금승불위신지력 위여
聽하야 **善思念之**하라 **我今承佛威神之力**하야 **爲汝**

어중 설기소분
於中에 **說其少分**호리라

"불자여, 그대가 진실한 법에 머물고 큰 정진을 발하여 증장하고 퇴전치 않게 하며, 이미 해탈을 얻고, 능히 이러한 질문을 하는 것이 여래와 같으니라. 자세히 듣고 자세히 들어서 잘 생각하여라. 내 이제 부처님의 위신력을 받들어 그대를 위하여 조금만 말하리라."

정진혜보살의 수행을 법혜보살이 계속하여 찬탄한다. 진실한 법에 머물고 더 큰 정진을 발하여 퇴전하지 아니하며, 이미 해탈을 얻었으며, 여래와 같은 질문을 한다고까지 찬탄한다. 그리고 잘 듣고 깊이 생각하기를 당부한다.

2) 어리석음을 여의고 방일하지 말라

佛子야 菩薩摩訶薩이 已發一切智心인댄 應離癡暗하고 精勤守護하야 無令放逸이니라
(불자야 보살마하살이 이발일체지심인댄 응리치암하고 정근수호하야 무령방일이니라)

"불자여, 보살마하살이 일체 지혜의 마음을 이미 내

었다면 마땅히 어리석음을 여의고 부지런히 수호하여 방일하지 말게 할지니라."

부처님이 증득한 일체 지혜의 마음을 이미 내었다면 무엇보다 중요한 것이 어리석음을 떠나는 일이다. 어리석음을 떠났다면 다음으로는 부지런히 정진하여 그것을 잘 지키는 일이다. 그리고 방일하지 않는 것이다. 부처님의 지혜를 증득하는 일뿐만 아니라 세상의 공부나 사업이나 농사나 모든 일에서 그 성공의 열쇠가 여기에 있다. 세존께서도 열반에 들면서 제자들에게 당부하신 말씀이 곧 "방일하지 말고 부지런히 정진하라."는 것이었다. 세속에서도 '일근천하무난사─勤天下無難事'라고 하여 부지런한 것 한 가지면 천하에 어려울 것이 없다고 하였다.

필자가 어릴 때 강원에서 아침마다 외우던 글이 생각난다.

"여래가 열반하신 지 삼천 년이 가까운지라
목숨도 또한 따라 감하니 어찌 무슨 낙이 있으리오.

다만 부지런히 정진하되 머리에 붙은 불을 끄듯이 하고 항상 무상한 줄 생각하여 삼가 방일하지 말지어다."[2]

3) 방일하지 않는 열 가지 법

_{불자} _{보살마하살} _{주십종법} _{명불방일}
佛子야 **菩薩摩訶薩**이 **住十種法**을 **名不放逸**이니

_{하자} _{위십} _{일자} _{호지중계} _{이자} _{원리우}
何者가 **爲十**고 **一者**는 **護持衆戒**요 **二者**는 **遠離愚**

_치 _{정보리심} _{삼자} _{심락질직} _{이제첨}
癡하야 **淨菩提心**이요 **三者**는 **心樂質直**하야 **離諸諂**

_광 _{사자} _{근수선근} _{무유퇴전} _{오자}
誑이요 **四者**는 **勤修善根**하야 **無有退轉**이요 **五者**는

_{항선사유자소발심}
恒善思惟自所發心이요

"불자여, 보살마하살이 열 가지 법에 머물면 이름이

---

[2] 如來涅槃이 近三千載라 命亦隨減하니 豈有何樂이리요
但勤精進호되 如救頭燃하고 想念無常하야 愼勿放逸이어다.

방일하지 않음이니, 무엇이 열 가지인가. 하나는 여러 가지 계율을 보호하여 가짐이요, 둘은 어리석음을 멀리 여의고 보리심을 깨끗이 함이요, 셋은 마음에 질박하고 정직함을 좋아하며 모든 아첨과 속임을 여읨이요, 넷은 부지런히 선근을 닦아 퇴전하지 아니함이요, 다섯은 자기가 발심한 것을 항상 잘 생각함이니라."

   방일하지 아니하고 부지런히 정진하는 길을 구체적으로 열 가지를 제시하였다. 먼저 다섯 가지다. 계율을 보호하여 가지고 어리석음을 떠나서 보리심을 청정하게 하는 것이다. 보리심이란 곧 지혜와 자비가 충만한 마음이다. 또 솔직하고 정직한 것이다. 정직과 성실이야말로 세상을 바로 세우는 지름길이다. 선행을 부지런히 닦아 계속하는 일이다. 보살이 발심을 하였더라도 가끔은 잊을 수가 있다. 보림保任이란 자신의 공부를 잘 지키고 더욱 발전시키는 일이다.

     육 자 　　불 락 친 근 재 가 출 가 일 체 범 부　　칠 자
六者는 **不樂親近在家出家一切凡夫**요 **七者**는

修諸善業호대 而不願求出世間果報요 八者는 永
離二乘하고 行菩薩道요 九者는 樂修衆善하야 令不
斷絶이요 十者는 恒善觀察自相續力이라 佛子야 若
諸菩薩이 行此十法하면 是則名爲住不放逸이니라

"여섯은 집에 있거나 출가한 일체 범부에게 친근하기를 좋아하지 아니함이요, 일곱은 선한 업을 닦으면서도 세간의 과보를 구하지 아니함이요, 여덟은 이승二乘을 길이 여의고 보살의 도를 행함이요, 아홉은 온갖 선근을 즐겨 닦아서 끊어지지 않게 함이요, 열은 스스로 계속하는 힘을 항상 잘 관찰함이니라. 불자여, 만약 모든 보살이 이 열 가지 법을 행하면 이것이 곧 이름이 방일하지 않는 데 머무는 것이 되느니라."

또한 재가나 출가를 막론하고 속된 사람이나 소인배를 가까이하지 않는 일이다. 근묵자흑近墨者黑이라 하지 않던가. 평소에 성실하고 정직한 사람도 속된 사람이나 소인배들을 가까이하면 물이 들게 마련이다. 다음은 선업을 닦더라도 그 보상 받기를 원하거나 과보나 알아 주기를 바라지 않는 것이다. 소승적 인생관을 버리고 대승적 보살의 삶을 사는 것이다. 여러 가지 선행을 꾸준히 닦는 것이다. 그리고 이와 같은 일을 계속해서 실천하는지를 항상 잘 관찰하고 반성하는 일이다.

4) 방일하지 않으면 열 가지 청정함을 얻는다

佛子야 菩薩摩訶薩이 住不放逸에 得十種淸淨
_{불자} _{보살마하살} _{주불방일} _{득십종청정}

하나니 何者가 爲十고 一者는 如說而行이요 二者는 念
_{하자 위십 일자 여설이행 이자 염}

智成就요 三者는 住於深定하야 不沈不擧요 四者는
_{지성취 삼자 주어심정 불침불거 사자}

樂求佛法하야 無有懈息이요 五者는 隨所聞法如
_{낙구불법 무유해식 오자 수소문법여}

理觀察하야 具足出生巧妙智慧요
_{리관찰 구족출생교묘지혜}

"불자여, 보살마하살이 방일하지 않는 데 머물면 열 가지 청정함을 얻나니, 무엇이 열인가. 하나는 말한 대로 행함이요, 둘은 생각과 지혜를 성취함이요, 셋은 깊은 선정에 머물러 혼침하거나 망상하지 아니함이요, 넷은 불법 구하기를 게을리하지 않음이요, 다섯은 들은 법문을 이치에 맞게 관찰하여 교묘한 지혜를 구족하게 출생함이니라."

부처님께서는 수행을 하는 데 가장 경계해야 할 것을 방일로 여겼다. 법혜보살도 또한 방일을 가장 크게 경계하였다. 그래서 방일하지 않으면 열 가지 청정한 일을 얻는다고 하였다. 만약 방일하지 않으면 언행이 일치하고, 지혜를 성취하고, 혼침과 망상이 없고, 불법을 열심히 구하게 되고, 법문 들은 것을 이치에 맞게 잘 관찰하게 된다. 실로 불교란 세상의 바른 이치를 정확하게 알아서 그 이치에 맞게 관찰하고 생각하고 말하고 실천하는 것이다. 무슨 일이든지 이치만 알면 해결은 저절로 따르게 된다. 방일하지 아니하면 이와 같은 좋은 일이 있게 된다.

육자 입심선정 득불신통 칠자 기심
六者는 **入深禪定**하야 **得佛神通**이요 **七者**는 **其心**

평등 무유고하 팔자 어제중생상중하류
平等하야 **無有高下**요 **八者**는 **於諸衆生上中下類**에

심무장애 유여대지 등작이익
心無障礙가 **猶如大地**하야 **等作利益**이요

"여섯은 깊은 선정에 들어가 부처님의 신통을 얻음이요, 일곱은 마음이 평등하여 높고 낮음이 없음이요, 여덟은 모든 중생들의 상중하에 대하여 마음에 장애가 없는 것이 마치 대지와 같이 평등하게 이익을 지음이니라."

또 방일하지 아니하면 선정에 깊이 들어가서 부처님이 증득하신 신통을 얻게 된다. 그 마음은 평등하여 높고 낮은 차별을 하지 않게 된다. 비록 중생들에게는 그들의 근기가 상중하의 차별이 있더라도 보살은 그것에 장애가 없는 것이 마치 대지와 같이 골고루 평등하게 이익을 짓게 한다.

구자 약견중생 내지일발보리지심 존
九者는 **若見衆生**이 **乃至一發菩提之心**이라도 **尊**

중승사 유여화상 십자 어수계화상 급
重承事를 **猶如和尙**이요 **十者**는 **於授戒和尙**과 **及**

아사리 일체보살제선지식법사지소 상생
阿闍梨와 **一切菩薩諸善知識法師之所**에 **常生**

존중 승사공양 불자 시명보살 주불방
尊重하야 **承事供養**이라 **佛子**야 **是名菩薩**의 **住不放**

일십종청정
逸十種淸淨이니라

"아홉은 만약 중생이 한 번 보리심을 낸 이를 보더라도 존중하여 섬기기를 화상和尙과 같이 함이요, 열은 계戒를 일러 준 화상이나 아사리阿闍梨나 모든 보살이나 선지식이나 법사를 항상 존중하여 섬기고 공양함이니라. 불자여, 이것을 이름하여 보살이 방일하지 않는 데 머무는 열 가지 청정이라 하느니라."

또 방일하지 아니하면 만약 어떤 중생이 잠깐 동안 한 번만 보리심을 발하더라도 마치 큰스님을 존중하여 받들 듯이 한다. 법회를 할 때 어쩌다가 친구를 만나러 와서 동참했다

하더라도 그를 큰스님 대하듯이 존중하게 된다. 또한 스승으로 여길 만한 조그마한 이유만 있어도 그들을 다 항상 존중하고 받들어 섬기며 공양 올린다. 방일하지 않으면 이와 같은 훌륭한 일을 하게 된다.

5) 부처님을 환희하게 하다

(1) 방일하지 않아 부처님을 환희하게 하다

佛子야 菩薩摩訶薩이 住不放逸하야 發大精進하며 起於正念하며 生勝欲樂하며 所行不息하며 於一切法에 心無依處하며 於甚深法에 能勤修習하며 入無諍門하며 增廣大心하며 佛法無邊을 能順了知일새 令諸如來로 皆悉歡喜니라

"불자여, 보살마하살이 방일하지 않는 데 머물고는 큰 정진을 발하여 바른 생각을 일으키고, 수승한 욕락을 내며, 행하는 일이 쉬지 아니하며, 모든 법에 대하여 마음이 의지한 데 없고, 깊은 법을 부지런히 닦아 다툼이 없는 문에 들어가며, 광대한 마음을 더하고, 그지없는 불법을 따라서 밝게 알아 모든 여래로 하여금 환희케 하느니라."

방일하지 않아 온갖 수승한 일들을 성취하므로 반드시 부처님을 환희하게 한다. 세상에서 종업원을 두거나 자식을 키우거나 할 때 그들이 방일하지 않고 부지런히 일을 하고 공부를 한다면 그 회사의 주인이나 부모는 당연히 환희하게 된다. 베푸는 것도 더욱 많아질 것이다. 방일하지 않는 것만으로도 얼마나 보기 좋은가. 불법 안에서 방일하지 않으면 위에서 밝힌 것과 같은 수승한 일이 저절로 따라오리라.

(2) 부처님을 환희하게 하는 열 가지 법

佛子야 菩薩摩訶薩이 復有十法하야 能令一切
諸佛歡喜하나니 何等이 爲十고 一者는 精進不退요
二者는 不惜身命이요 三者는 於諸利養에 無所希
求요 四者는 知一切法이 皆如虛空이요 五者는 善
能觀察하야 普入法界요

"불자여, 보살마하살이 다시 열 가지 법이 있어서 일체 모든 부처님을 환희케 하나니, 무엇이 열인가. 하나는 정진하여 물러가지 않음이요, 둘은 몸과 목숨을 아끼지 않음이요, 셋은 모든 이양利養을 희구希求하지 않음이요, 넷은 일체 법이 허공과 같음을 앎이요, 다섯은 잘 관찰하여 법계에 두루 들어감이니라."

보리심을 발한 보살이 방일하지 않고 더욱 열심히 정진하면 얻은 바의 공덕이 많으므로 일체 모든 부처님으로 하여금 환희케 하는 법이 무수히 많지만 대표적인 스무 가지의 법을 들었다.

　불법 공부에 끊임없이 정진하여 물러서지 않는 것과 불법을 위하여 신명을 아끼지 않는 것이다. 불법 공부에 신심이 나고 환희심이 나면 이 몸을 태워 불법에 공양하고 싶은 마음이 생긴다. 그래서 역사적으로 분신焚身이나 연지燃指나 연비燃臂 등의 기록이 많다.

　또 어떤 난행이나 고행을 하더라도 이양을 바라지 않는다. 불법 공부에 어떤 이양이나 명예나 찬탄을 바라는 것은 옳지 않다. 또한 일체 법이 허공과 같은 줄 아는 것은 기본이다. 제행이 무상이며 일체가 개공皆空이며 제법은 본래로 적멸한 것이기 때문이다.

　불법 공부를 깊이 한 보살은 그 견해가 우주적 관점을 가진다. 사람의 몸을 기점으로 무한히 작은 세포의 세계로 깊이 또 깊이 들어가 알게 되고, 다시 눈을 돌려 지구와 태양계와 은하계와 은하계의 별들과 같이 많은 또 다른 은하계로, 소우주에서 대우주로 점점 더 멀리까지 관찰하게 된다. 그래서 수십억, 수백억, 수천억 광년의 거리로 펼쳐진 온 법계와 화장장엄세계까지 관찰하여 널리 들어가게 된다. 불법 공부는 이와 같다.

六者는 知諸法印하야 心無倚着이요
육자   지제법인   심무의착

"여섯은 모든 법인法印을 알아 마음에 집착함이 없음이요."

모든 법인法印이란 3법인 또는 4법인이다. 제행무상諸行無常과 제법무아諸法無我와 열반적정涅槃寂靜과 일체개고一切皆苦다. 이와 같은 4법인의 진리를 제대로 아는 사람이라면 무엇에 집착하겠는가. 참고로 부탄의 종사르 잠양 켄체 스님은 『우리 모두는 부처다』라는 책에서 '모든 것은 덧없다.'는 제행무상을 '모든 합성된 것은 덧없다.'로 번역하였다. '모든 것에는 자아가 없다.'는 제법무아를 '모든 것에는 본래의 실체가 없다.'로 번역하였다. '모든 번뇌가 사라진 것이 열반이다.'라는 열반적정을 '열반은 개념을 초월한다.'로 번역하였다. '모든 것이 괴로움이다.'라는 일체개고를 '모든 감정은 고통이다.'로 번역하였다.

七者는 常發大願이요 八者는 成就淸淨忍智光明이요 九者는 觀自善法에 心無增減이요 十者는 依無作門하야 修諸淨行이라 佛子야 是爲菩薩이 住十種法하야 能令一切如來歡喜니라

"일곱은 항상 큰 서원을 발함이요, 여덟은 청정한 법인法忍인 지혜의 광명을 성취함이요, 아홉은 스스로의 선한 법을 관찰하여 증감하는 마음이 없음이요, 열은 지음이 없는 문을 의지하여 모든 청정한 행을 닦음이니라. 불자여, 이것을 말하여 보살이 열 가지 법에 머물러 일체 여래로 하여금 환희케 함이라 하느니라."

보살의 삶은 원력의 삶이다. 원력이 없는 삶은 꿈이 없는 삶이며 희망이 없는 삶이다. 모든 것이 정지되어 삶의 의미가

다 사라진 상태다. 청정한 법인法忍인 지혜의 광명을 인忍 자를 사용하는 것은 밖으로 나타나지 않아서 눈에는 보이지 않으나 분명하게 존재하기 때문이다. 예컨대 아무리 큰 고통을 앓고 있더라도 참음으로써 눈에 나타나지는 않지만 고통은 분명하게 있다는 뜻에서 사용하는 글자이다.

또 보리심을 발한 보살이 방일하지 않고 부지런히 정진함으로 부처님을 환희하게 하는 법 가운데 스스로의 선한 법을 잘 관찰하는 것과 수행을 하되 지음이 없는 문을 의지하여 모든 청정한 행을 닦는 것 등이 있다.

(3) 부처님을 환희하게 하는 또 열 가지의 법

佛子야 復有十法하야 能令一切諸佛歡喜하나니

何者가 爲十고 所謂安住不放逸과 安住無生忍과

安住大慈와 安住大悲와 安住滿足諸波羅蜜과 安

住諸行과 安住大願과 安住巧方便과 安住勇猛力과

안주지혜 관일체법 개무소주 유여허공
安住智慧하야 **觀一切法**이 **皆無所住**가 **猶如虛空**
　　　　불자　　약제보살　　주차십법　　능령일체제
이라 **佛子**야 **若諸菩薩**이 **住此十法**하면 **能令一切諸**
불환희
佛歡喜니라

"불자여, 다시 또 열 가지 법이 있어서 일체 모든 부처님을 환희케 하나니, 무엇이 열인가. 이른바 불방일不放逸에 편안히 머물고, 무생법인無生法忍에 편안히 머물고, 대자大慈에 편안히 머물고, 대비大悲에 편안히 머물고, 만족한 바라밀다에 편안히 머물고, 모든 행에 편안히 머물고, 큰 서원에 편안히 머물고, 공교한 방편에 편안히 머물고, 용맹한 힘에 편안히 머물고, 지혜에 편안히 머물러 일체 법이 모두 머문 바가 없는 것이 마치 허공과 같음을 관찰함이니라. 불자여, 만약 모든 보살이 이 열 가지 법에 머물면 능히 일체 모든 부처님들로 하여금 환희케 하느니라."

또 부처님을 환희케 하는 열 가지 법이 있다. 만약 부처님을 환희케 한다면 그것보다 더 훌륭한 불공이 있을까. 불방일과 무생법인과 대자대비와 바라밀다와 모든 행과 큰 서원과 선교방편과 용맹한 힘과 지혜에 편안히 머무는 것이다. 이것으로 모든 부처님을 환희케 한다.

6) 보살의 지위에 머물다

(1) 지위에 들게 하는 열 가지의 법

佛子_야 有十種法_{하야} 令諸菩薩_로 速入諸地_{하나니}

何等_이 爲十_고 一者_는 善巧圓滿福智二行_{이요} 二

者_는 能大莊嚴波羅蜜道_요 三者_는 智慧明達_{하야}

不隨他語_요 四者_는 承事善友_{하야} 恒不捨離_요 五

者_는 常行精進_{하야} 無有懈怠_요

"불자여, 열 가지 법이 있어 보살들로 하여금 모든 지위에 빨리 들어가게 하나니, 무엇이 열인가. 하나는 복덕과 지혜의 두 가지 행을 원만히 함이요, 둘은 바라밀다의 도(道)를 크게 장엄함이요, 셋은 지혜가 통달하여 다른 이의 말을 따르지 않음이요, 넷은 선지식을 섬기어 항상 떠나지 않음이요, 다섯은 항상 정진하여 게으르지 않음이니라."

부처님을 간단히 표현하여 복덕과 지혜가 만족한 분이라고 한다. 보살 수행에 반드시 갖춰야 할 덕목이다. 또 보살은 십바라밀로써 장엄하여야 한다. 이 십바라밀의 덕목으로 장엄한 것보다 더 아름다운 장엄은 없다. 보살이 자신의 지혜가 밝으면 다른 사람의 말을 따를 필요가 없다. 남의 말만 좇아가다 보면 삿된 길을 헤매게 된다. 현명한 보살은 선지식을 잘 섬겨서 떠나지 않는다. 요즘 같은 말세에 참다운 선지식을 만나기는 어렵다. 그러므로 화엄경과 같은 위대한 경전의 가르침을 선지식 삼아서 항상 가까이해야 한다. 부처님의 가르침을 수행하는 일에 정진을 게을리하지 말아야 한다.

육자 선능안주여래신력   칠자 수제선
六者는 善能安住如來神力이요 七者는 修諸善
근   불생피권   팔자 심심이지 이대승법
根호대 不生疲倦이요 八者는 深心利智가 以大乘法
   이자장엄   구자 어지지법문 심무소주
으로 而自莊嚴이요 九者는 於地地法門에 心無所住요
십자   여삼세불선근방편   동일체성   불자
十者는 與三世佛善根方便으로 同一體性이라 佛子야
차십종법   영제보살   속입제지
此十種法이 令諸菩薩로 速入諸地니라

"여섯은 여래의 신통한 힘에 잘 머무름이요, 일곱은 모든 선근을 닦는 데 피로하지 않음이요, 여덟은 깊은 마음과 밝은 지혜로 대승법을 장엄함이요, 아홉은 지위마다의 법문에 마음이 머물지 않음이요, 열은 삼세 부처님의 선근과 방편으로 더불어 자체 성품이 같음이니라. 불자여, 이 열 가지 법이 모든 보살들로 하여금 모든 지위에 빨리 들어가게 하느니라."

보살들로 하여금 수행지위에 들어가게 하는 열 가지 법이 계속된다. 다음으로는 여래의 신통한 힘에 머무르며 선한 일, 훌륭한 일, 다른 사람에게 덕이 되는 일, 많은 사람들을 깨우치는 일을 하는 데 피로해하지 않으며 쉬지 않고 꾸준히 하는 것이다. 이야말로 얼마나 어려운 일인가. 또한 깊은 마음과 밝은 지혜로 대승법을 잘 부연하고 널리 가르치는 일에 신명을 바치는 일이다. 화엄경에는 보살의 수행계위가 매우 많다. 그 지위마다 하나하나 밟아 나가되 마음은 그 지위에 머물지 않는다. 끝으로는 모든 부처님의 선근방편과 자신의 성품이 같아야 하는 것이다.

(2) 보살의 지위에 머물러 관찰하다

부 차 불 자 　 제 보 살 　 초 주 지 시 　 응 선 관 찰
復次佛子야 **諸菩薩**이 **初住地時**에 **應善觀察**할 지니라

"다시 또 불자여, 모든 보살이 처음으로 지위에 머문 뒤에는 마땅히 잘 관찰할지니라."

보살의 수행계위인 52위에서 10신信을 빼면 42위가 된다. 흔히 42위만을 보살의 수행계위라고 하기도 한다. "보

살이 처음으로 지위에 머문 뒤"라는 말에서 처음의 지위란 십주위住位를 뜻한다. 3회 설법에서 세존이 수미산정에 올라가서 십주법문을 설하였으며, 그 십주법문을 완성시키는 부수적인 법문이 범행품과 초발심공덕품과 명법품이다. 그래서 십주위에 머문 뒤에 마땅히 잘 관찰해야 할 것을 설한 것이다.

　　　수기소유일체법문　　　수기소유심심지혜
　　隨其所有一切法門하며 **隨其所有甚深智慧**하며

　수소수인　　수소득과　　수기경계　　수기역
隨所修因하며 **隨所得果**하며 **隨其境界**하며 **隨其力**

용　　수기시현　　수기분별　　수기소득　　실
用하며 **隨其示現**하며 **隨其分別**하며 **隨其所得**하야 **悉**

선관찰　　지일체법　개시자심　　이무소착
善觀察하야 **知一切法**이 **皆是自心**하야 **而無所着**이니

여시지이　입보살지　　능선안주
如是知已에 **入菩薩地**하야 **能善安住**니라

"일체 법문을 따르며, 깊은 지혜를 따르며, 닦을 바

인因을 따르며, 얻을 바 과보果報를 따르며, 경계를 따르며, 힘의 작용을 따르며, 나타내 보임을 따르며, 분별함을 따르며, 증득할 바를 따라서 모두 잘 관찰하여 일체 법이 다 자기의 마음인 줄을 알고 집착함이 없느니라. 이와 같이 알고 나서 보살의 지위에 들어가 능히 편안히 머무느니라."

 보살이 십주위에 머문 뒤에 마땅히 잘 관찰해야 할 것을 설한 것이란, 일체 법문과 깊고 깊은 지혜와 수행의 원인과 결과와 경계와 힘의 작용과 나타내 보임과 분별과 소득들이다. 이와 같은 것을 잘 관찰하여 일체 법이 모두 자신의 마음이라는 사실을 아는 것이 중요하다. 화엄경의 견해로는 세상에 그 어떤 세계와 법과 진리가 있다 하더라도 모두 우리들 자신의 한 마음의 표현이라는 것이다. 그래서 걸핏하면 일체유심조一切唯心造라고 한다. 이와 같이 알면 어떤 현상에도 집착하지 않는다. 그것이 보살의 지위에 잘 안주하는 것이다.

(3) 보살 지위의 수승함

佛子야 彼諸菩薩이 作是思惟호대 我等이 宜應
速入諸地니 何以故오 我等이 若於地地中住하면
成就如是廣大功德이니 具功德已에 漸入佛地하며
住佛地已에 能作無邊廣大佛事라 是故로 宜應常
勤修習하야 無有休息하고 無有疲厭하야 以大功德
으로 而自莊嚴하야 入菩薩地니라

"불자여, 저 모든 보살이 생각하기를 우리들이 마땅히 빨리 모든 지위에 들어가야 한다 하나니, 무슨 까닭인가. 우리가 만약 여러 지위[地地]에 머물면 이러한 넓고 큰 공덕을 성취할 것이요, 공덕을 구족하고는 점점 부처님 지위에 들어갈 것이며, 부처님 지위에 머물고 나면 끝이 없는 광대한 불사를 지을 것이니라. 그러므로 마땅히 부지런히 닦아서 쉬지 아니하고 싫어하지 아니하여 큰 공덕으로써 스스로를 장엄하여 보살의 지위에 들어갈 것이니라."

　　보살의 온갖 지위에 머물면 그 수승함은 이루 다 말할 수 없다. 먼저 넓고 큰 공덕을 성취한다. 얼른 떠오르지 않는다면 관세음보살의 자비와 능력과 덕을 생각하라. 또 지장보살의 원력을 생각하라. 문수보살의 지혜와 보현보살의 실천행을 생각하라. 그것이 곧 보살이 온갖 지위에 머문 수승한 공덕이다. 또 점점 부처님의 지위에 들어가고 부처님의 지위에 머물러 끝없이 광대한 중생 교화의 불사를 짓는다. "그러므로 마땅히 부지런히 닦아서 쉬지 아니하고 싫어하지 아니하여 큰 공덕으로써 스스로를 장엄하여 보살의 지위에 들어갈 것이니라."라고 한 것이다. 특히 "큰 공덕으로써 스스로를 장엄한다."는 말은 천하의 명언이다. 불자들이여, 부디 부귀영화로 자신을 장엄하지 말고 큰 공덕으로 자신을 장엄하라.

7) 보살행의 청정함을 말하다

(1) 청정의 인因이 되는 열 가지의 법

佛_불子_자야 有_유十_십種_종法_법하야 令_영諸_제菩_보薩_살로 所_소行_행淸_청淨_정하나니 何_하等_등이 爲_위十_십고 一_일者_자는 悉_실捨_사資_자財_재하야 滿_만衆_중生_생意_의요 二_이者_자는 持_지戒_계淸_청淨_정하야 無_무所_소毁_훼犯_범이요 三_삼者_자는 柔_유和_화忍_인辱_욕하야 無_무有_유窮_궁盡_진이요 四_사者_자는 勤_근修_수諸_제行_행하야 永_영不_불退_퇴轉_전이요 五_오者_자는 以_이正_정念_념力_력으로 心_심無_무迷_미亂_란이요

"불자여, 열 가지 법이 있어서 보살들로 하여금 행하는 일을 청정케 하나니, 무엇이 열인가. 하나는 재물을 희사하여 중생의 뜻을 만족케 함이요, 둘은 계법戒法을 청정하게 지니어 계를 범하지 아니함이요, 셋은 부드럽고 화목하고 인욕하여 다함이 없음이요, 넷은 부지런히 수행을 닦아 영원히 퇴전하지 않음이요, 다섯은 바른 생각의 힘으로 마음이 미혹하고 산란함이 없음이니라."

불과佛果를 얻는 데 훌륭한 씨앗[因]이 되는 열 가지를 밝혔다. 첫째 재물을 보시하여 중생들을 만족하게 하는 것이다. 세상의 인심은 모두 재물을 가장 중요하게 생각한다. 심지어 출가한 수행자도 크게 다를 바 없다. 수행자가 그래서야 무슨 도를 이루겠는가. 계를 청정하게 지키는 것과 부드럽고 화목하고 인욕하는 것은 보살도의 기본이다. 또 보살도를 부지런히 닦아서 퇴전하지 않아야 한다. 또 바른 생각의 힘은 사람을 미혹에 빠뜨리지 않게 한다. 이러한 것들이 불과의 씨앗이다.

六者_는 分別了知無量諸法_{이요} 七者_는 修一切行_{호대} 而無所着_{이요} 八者_는 其心不動_이 猶如山王_{이요} 九者_는 廣度衆生_을 猶如橋梁_{이요} 十者_는 知一切衆生_이 與諸如來_로 同一體性_{이라} 佛子_야 是爲

시 법   영 제 보 살   소 행 청 정
十法이니 **令諸菩薩**로 **所行淸淨**이니라

"여섯은 한량없는 여러 가지 법을 분별하여 앎이요, 일곱은 일체의 행을 닦더라도 집착함이 없음이요, 여덟은 마음이 동요하지 아니함이 산과 같음이요, 아홉은 중생들을 널리 제도하기를 다리와 같이 함이요, 열은 일체 중생이 모든 여래와 더불어 성품이 같은 줄을 아는 것이니라. 불자여, 이러한 열 가지 법이 모든 보살들의 행을 청정케 하느니라."

불과를 얻는 데 훌륭한 씨앗이 되는 다음의 다섯 가지다. 아무리 교법이 복잡하고 경전이 많더라도 그 한량없는 모든 법을 다 분별하여 알아야 한다. 불교의 일체 수행과 일체 공부와 일체 법을 다 터득했더라도 그것에 집착하는 바가 없어야 한다. 집착하지 않는 것은 불법 수행과 빼어난 삶의 기본이다. 불과를 이루려는 사람으로서는 어떤 상황에서도 그 마음은 태산과 같이 부동하여야 한다. 불교를 봉행하는 것은 그 마음을 잘 단속하여 경계에 흔들리지 않는 것이라 하지 않던가. 중생을 제도하는 데 그 구체적인 모습은 마치 다

리가 없는 강을 건너는 데 다리와 같은 역할을 해야 하는 것이다. 그리고 불과를 얻는 데 무엇보다 중요한 씨앗은 일체 중생이 여래와 동일한 체성을 가졌다는 것을 아는 것이다. 자신이 본래로 부처라는 사실을 모르는 사람이 어찌 부처가 될 수 있겠는가. 그래서 화엄경에서는 언제나 "마음과 부처와 중생, 이 셋은 다르지 않다."라고 한다. 이 가르침이 화엄경을 푸는 중요한 열쇠다.

(2) 더 수승한 열 가지의 법[淸淨果]

菩薩이 旣得行淸淨已에 復獲十種增勝法하나니
보살   기득행청정이   부획십종증승법

何等이 爲十고 一者는 他方諸佛이 皆悉護念이요 二
하등   위십   일자   타방제불   개실호념   이

者는 善根增勝하야 超諸等列이요 三者는 善能領受
자   선근증승   초제등렬   삼자   선능영수

佛加持力이요 四者는 常得善人하야 爲所依怙요 五
불가지력   사자   상득선인   위소의호   오

者는 安住精進하야 恒不放逸이요
자   안주정진   항불방일

"보살의 행이 청정하여진 뒤에는 다시 열 가지 더 수승한 법을 얻나니, 무엇이 열인가. 하나는 다른 세계의 부처님들이 다 보호하고, 둘은 선근이 더 늘어서 다른 이보다 뛰어나고, 셋은 부처님의 가지加持하시는 힘을 잘 받아들이고, 넷은 항상 좋은 사람을 만나 의지하게 되고, 다섯은 편안히 정진하여 항상 방일하지 않는 것이니라."

보살의 행이 청정하여진 뒤에 청정의 결과로서 보다 더 수승한 열 가지 법이다. 먼저 다른 세계의 부처님들이 다 보호한다는 것이다. 개인의 수행을 하든 작은 불사를 짓든 좀 더 나은 보살행을 하든 여러 방면에서 협조하는 사람이 있어야 한다. 아무리 훌륭한 생각을 하여 사람들에게 권선하더라도 이해하는 사람이 없고, 적극적으로 동참하는 사람이 없고, 도와주는 사람이 없다면 피곤하기 이를 데 없다. 결국은 그 일을 접어야 한다. 이것이 다른 세계 부처님들이 보호하는 것이다. 또 부처님의 가피가 있어야 하고 그 가피를 잘 받아들여야 한다. 또 항상 좋은 사람을 만나서 의지가 된다면 뜻있는 불사가 얼마나 순조로울까. 좋은 생각을 내기도 쉽

지 않은데 낸 생각이 성숙하여 나아갈 수 있게 된다면 더 바랄 것이 없으리라. 그렇게 되면 편안히 정진하여 방일하지 않으리라.

六者는 知一切法이 平等無異요 七者는 心恒安住無上大悲요 八者는 如實觀法하야 出生妙慧요 九者는 能善修行巧妙方便이요 十者는 能知如來方便之力이라 佛子야 是爲菩薩의 十增勝法이니라

"여섯은 일체 법이 평등하여 차별이 없음을 알고, 일곱은 마음이 항상 가장 높은 큰 자비에 머물고, 여덟은 실상과 같이 법을 관찰하여 미묘한 지혜를 내고, 아홉은 교묘한 방편을 잘 수행하고, 열은 여래의 방편력을 능히 아는 것이니라. 불자여, 이것을 보살의 열 가지 더 수승한 법이라 하느니라."

보살의 행이 청정하여진 뒤에 청정의 결과로서 보다 수승한 열 가지 법 가운데 다음 다섯 가지다. "일체 법이 평등하여 차별이 없음"이란 일체 존재의 공성을 말한다. 불교는 존재의 공성과 무아와 무상과 적정을 깨닫고 그 위에 보살의 활발발活鱍鱍한 보현행원을 펼치는 것이다. 존재의 공성을 알지 못하면 진정한 보살행이 나오지 않는다. 또 중생을 널리 제도하려면 마음이 항상 가장 높은 자비에 머물러야 한다. 자비심이 없고서야 어찌 중생을 제도하겠는가. 또 불교의 참다운 지혜는 존재의 실상을 여실히 관찰하는 데 있다. 다음은 방편이다. 교묘한 방편을 잘 수행하고 다시 부처님의 방편력을 잘 아는 일이 더 수승한 법이다.

8) 보살의 큰 서원誓願

(1) 보살의 열 가지 큰 서원

불자 보살 유십종청정원 하등 위십
佛子야 菩薩이 有十種淸淨願하니 何等이 爲十고

一은 願成熟衆生호대 無有疲倦이요

"불자여, 보살이 열 가지 청정한 서원이 있나니, 무엇이 열인가. 하나는 중생을 성숙시키는 데 게으름이 없기를 원하느니라."

서원, 발원, 축원, 소원, 원력 등은 모두가 유사한 뜻으로 불교에서 가장 많이 쓰이는 말이다. 특히 보살의 삶은 중생을 위한 서원으로 표현된다. 사홍서원과 각종 발원과 서원과 축원이 얼마나 많은가. 이 모두가 보살의 마음으로 중생을 교화하겠다는 원이다.

여기 보살의 법을 밝히는 명법품에 보살의 청정한 열 가지 원이 설해졌다. 첫째 중생을 교화하고 성숙시키되 피곤해하거나 게으르지 않기를 서원한다. 대개 잠깐 동안 신심을 일으켰다가도 시간이 지나면서 시들해지기 마련이다. 그러나 보살이 중생을 교화하는 일에 게으를 수는 없다. 다짐하고 또 다짐해서 세세생생 나아가야 한다.

二는 願具行衆善하야 淨諸世界요 三은 願承事
如來하야 常生尊重이요 四는 願護持正法하야 不惜
軀命이요 五는 願以智觀察하야 入諸佛土니라

"둘은 모든 선한 일을 갖추어 행하여 세계를 깨끗하게 하기를 원하고, 셋은 여래를 받들어 섬기면서 항상 존중하기를 원하고, 넷은 정법을 보호해 지니면서 목숨을 아끼지 않기를 원하고, 다섯은 지혜로 관찰하여 여러 부처님 국토에 들어가기를 원하는 것이니라."

다음은 여러 가지 선행을 실천하여 세상을 맑고 향기롭고 아름답게 가꾸기를 서원하자는 뜻이다. 모든 사람 모든 생명을 여래로 받들어 섬기고 존중하기를 서원하자는 뜻이다. 부처님의 정법을 보호함에 신명을 바쳐 아끼지 말기를 서원하자는 뜻이다. 지혜로써 관찰하여 부처님의 국토에 들어가기를 서원하자는 뜻이다.

六은 願與諸菩薩로 同一體性이요 七은 願入如來門하야 了一切法이요 八은 願見者生信하야 無不獲益이요 九는 願神力住世하야 盡未來劫이요 十은 願具普賢行하야 淨治一切種智之門이라 佛子야 是爲菩薩의 十種淸淨願이니라

"여섯은 모든 보살들과 더불어 성품이 동일하기를 원하고, 일곱은 여래의 문에 들어가 일체 법에 통달하기를 원하고, 여덟은 보는 이마다 신심을 내어 모두 이익하기를 원하고, 아홉은 신통한 힘이 세상에 머물러 오는 세월에 끝없기를 원하고, 열은 보현의 행을 갖추고 일체 종지의 문을 깨끗하게 하기를 원하는 것이니, 불자여, 이것이 보살의 열 가지 청정한 서원이니라."

보살이 청정한 서원을 세울 때 일체 모든 보살도 본래로 동일한 체성임을 알고 중생 교화에 활용하기를 발원한다.

또 일체 법을 아는 것이 여래의 경지에 들어 같아지기를 발원한다. 부처님을 보고, 불교를 믿고, 불교를 아는 사람들은 모두 다 신심을 내어 큰 이익 얻기를 발원한다. 불법의 신통한 힘이 영원히 세상에 머물기를 발원한다. 보현보살의 행원을 갖추어서 일체 법의 평등과 차별을 아는 지혜를 갖추기를 발원한다. 보살의 세상을 위하고 중생을 위하는 서원이 한량없지만 이와 같이 정리한 것이다.

(2) 열 가지 법으로 큰 원을 원만하게 하다

佛子야 菩薩이 住十種法하야 令諸大願으로 皆得圓滿하나니 何等이 爲十고 一者는 心無疲厭이요 二者는 具大莊嚴이요 三者는 念諸菩薩殊勝願力이요 四者는 聞諸佛土하고 悉願往生이요 五者는 深心長久하야 盡未來劫이요

"불자여, 보살이 열 가지 법에 머무르면 모든 큰 원이 다 원만하게 되나니, 무엇이 열인가. 하나는 마음에 고달픔이 없음이요, 둘은 큰 장엄을 갖춤이요, 셋은 보살들의 수승한 원력을 생각함이요, 넷은 모든 부처님의 국토를 듣고는 모두 왕생하기를 원함이요, 다섯은 깊은 마음이 장구하여 미래의 겁을 다함이니라."

앞에서는 보살의 큰 서원 열 가지를 밝혔다. 다음은 열 가지 법으로 큰 서원을 원만하게 하는 내용이다. 보통 사람들은 좋은 계획을 자주 세우지만 오래가지 못한다. 그래서 작심삼일作心三日이라고 한다. 그러나 보살은 한번 세운 서원을 실천하는 데 아무리 오랜 세월이 지나도 피곤해하거나 싫증을 내지 않는다. 그리고 이와 같은 원력으로 스스로를 장엄한다. 그러면서 더욱 수승한 원력을 생각한다. 그렇다. 이 화엄경 공부가 더욱 깊고 넓게 되기를 바라는 원력을 세운다. 모든 불국토에 대해서 들은 바가 있으면 반드시 가서 태어나기를 발원한다. 불법에 대한 깊고 깊은 마음을 미래겁이 다할 때까지 가져간다.

六者는 願悉成就一切衆生이요 七者는 住一切
劫호대 不以爲勞요 八者는 受一切苦호대 不生厭離요
九者는 於一切樂에 心無貪着이요 十者는 常勤守
護無上法門이니라

"여섯은 일체 중생이 모두 성취하기를 원함이요, 일곱은 일체 겁에 머무르면서도 피로하게 여기지 아니함이요, 여덟은 온갖 고통을 받더라도 싫어하여 버리려는 생각을 내지 아니함이요, 아홉은 온갖 즐거운 일에 탐착하지 아니함이요, 열은 가장 높은 법문을 항상 부지런히 수호함이니라."

"일체 중생이 모두 성취한다."는 말은 성숙이며 조복이며 교화며 제도를 뜻한다. 보살은 당연히 일체 중생이 교화되며 조복하기를 발원한다. 또 그와 같은 일을 오랜 세월 동안 수고롭게 여기지 않는다. 중생 교화에 설사 고통이 따르더라도 싫어해서 떠나려고 하지 않는다. 일체 세속적인 즐거

움에 결코 탐착하지 않는다. 또 화엄경과 같은 최상의 법문을 항상 부지런히 수호하며 널리 편다. 이것이 앞서의 원력을 더욱 원만하게 하는 법이다.

9) 서원 만족과 십무진장+無盡藏

佛子_야 菩薩_이 滿足如是願時_에 卽得十種無盡藏_{하나니} 何等_이 爲十_고 所謂普見諸佛無盡藏_과 總持不忘無盡藏_과 決了諸法無盡藏_과 大悲救護無盡藏_과 種種三昧無盡藏_과

"불자여, 보살이 이와 같은 서원을 만족하면 곧 열 가지 무진장을 얻나니, 무엇이 열인가. 이른바 모든 부처님을 두루 뵈옵는 무진장과, 모두 지니어 잊어버리지 않는 무진장과, 모든 법을 결정코 아는 무진장과, 크게 어여삐 여기는 마음으로 구호하는 무진장과, 가지가지 삼매 무진장이니라."

불법 수행에 있어서는 하나의 서원이 만족하게 되면 그 하나에서 무수한 수행과 공덕이 따르게 된다. 마치 하나의 열매에 수많은 씨앗이 있는 것과 같다. 그래서 서원이 만족함과 함께 열 가지 무진장을 얻게 된다. 한 생각 선한 마음을 내면 수많은 선행이 저절로 따라온다. 모든 부처님을 뵙는 것도 무진장이요, 모두 지니어[總持] 잊어버리지 않는 것도 무진장이요, 모든 법을 분명하게 아는 것도 무진장이요, 크게 어여삐 여기는 마음으로 중생을 구호하는 것도 무진장이요, 가지가지 삼매도 무진장이다.

만 중 생 심 광 대 복 덕 무 진 장   연 일 체 법 심 심
滿衆生心廣大福德無盡藏과 演一切法甚深

지 혜 무 진 장   보 득 신 통 무 진 장   주 무 량 겁 무
智慧無盡藏과 報得神通無盡藏과 住無量劫無

十八. 명법품 明法品

盡藏과 入無邊世界無盡藏이라 佛子야 是爲菩薩의
十無盡藏이니라

 "중생의 마음을 만족하게 하는 넓고 큰 복덕의 무진
장과, 일체 법을 연설하는 깊은 지혜 무진장과, 신통의
과보를 얻는 무진장과, 무량한 겁에 머무는 무진장과,
그지없는 세계에 들어가는 무진장이니, 불자여, 이것이
보살의 열 가지 무진장이니라."

 또 중생의 마음을 만족하게 하는 복덕도 무진장이요, 일
체 법을 연설하는 깊고 깊은 지혜도 무진장이요, 신통의 과
보를 얻는 것도 무진장이요, 한량없는 겁에 머무는 것도 무
진장이요, 그지없는 세계에 들어가는 것도 무진장이다. 마
치 하나의 세포 속에 사람이 온전히 들어 있고 개나 돼지 등
이 온전히 들어 있는 것과 같다.

10) 교화할 바를 따라서 법을 설하다

菩薩^{보살}이 得是十種藏已^{득시십종장이}에 福德具足^{복덕구족}하고 智慧淸淨^{지혜청정}하야 於諸衆生^{어제중생}에 隨其所應^{수기소응}하야 而爲說法^{이위설법}이니라

"보살이 이 열 가지 무진장無盡藏을 얻고는 복덕이 구족하고 지혜가 청정하여 모든 중생에게 적당한 바를 따라 법을 연설하느니라."

교화할 바의 중생 근기를 따라서 법을 설해야 하는 것은 포교와 전법에 있어 매우 당연하며 중요한 법칙이다. 보살이 열 가지 무진장을 얻고 나면 복덕이 구족하게 되고 지혜가 청정하여 설법을 함에 있어 중생의 근기를 잘 알게 되리라.

佛子^{불자}야 菩薩^{보살}이 云何於諸衆生^{운하어제중생}에 隨其所應^{수기소응}하야 而爲說法^{이위설법}고 所謂知其所作^{소위지기소작}하며 知其因緣^{지기인연}하며 知

기 심 행   지 기 욕 락
其心行하며 **知其欲樂**하나리

"불자여, 보살이 어떻게 하면 모든 중생에게 적당한 바를 따라 법을 연설하는가. 이른바 그 짓는 것을 알고, 그 인연을 알고, 그 마음 행함을 알고, 그 욕망을 알아야 하느니라."

중생들의 근기와 수준을 잘 알아서 그것에 알맞게 법을 설하여 주는 내용을 하나하나 열거하였다. 그가 무엇을 하는 사람인가? 그는 또 어떤 인연으로 이 법석에 왔는가? 그는 마음속에 무엇을 바라고 있는 사람인가? 그의 욕망과 꿈과 희망은 무엇인가? 이와 같은 사항을 잘 알아서 법을 설해야 한다.

탐 욕 다 자   위 설 부 정
貪欲多者란 **爲說不淨**하고

"탐욕이 많은 이에게는 부정함을 말하느니라."

첫째, 이성에 대한 탐욕심이 많은 사람에게는 사람의 육신은 부정하다는 것을 이야기해야 한다. 스스로의 수행법으로는, 불건강한 마음을 정화하는 다섯 가지 수행법으로 오정심관五停心觀이 있는데 먼저 다탐중생부정관多貪衆生不淨觀이라 하였다.

진에다자　　위설대자
瞋恚多者란 **爲說大慈**하고

"성내는 마음이 많은 이에게는 대자大慈를 말하느니라."

오정심관의 또 다른 수행법으로는 다진중생자비관多瞋衆生慈悲觀이라고 하였다. 평소에 진심이 많고 성을 잘 내는 사람은 자비심을 스스로 마음에서 일으켜 미소를 짓고 모든 생명들의 행복을 염원하는 관법을 행해야 한다.

우치다자　　교근관찰
愚癡多者란 **敎勤觀察**하고

十八. 명법품明法品

"어리석음이 많은 이에게는 부지런히 관찰함을 가르치느니라."

오정심관의 또 다른 수행법으로는 다치중생인연관多癡衆生因緣觀이라 하였다. 일체 것들이 원인과 조건에 의해서 발생하고 소멸한다는 것을 관하는 수행법이다. 모든 법이 인연으로 생기고 인연으로 소멸한다는 사실만 분명하게 알고 있다면 그는 결코 어리석은 사람이 아니다.

오정심관의 수행법 중 또 하나는 착아중생분별관着我衆生分別觀이다. '나'라는 것이 색, 수, 상, 행, 식의 5온이 모인 것이라 본래의 '나'라는 것이 없음을 분별하여 관하는 것이다. 또 산란중생수식관散亂衆生數息觀이 있다. 생각과 마음이 어지러워서 정신 통일이 안 되는 사람은 수식관을 하게 하는 것이다. 수식관이란 사람 각자가 숨 쉬는 것을 하나, 둘, 셋 하고 세어 열까지 마치고 다시 되풀이하여 계속 반복하면 들뜬 마음이 가라앉게 되는 것이다. 또 단순하게 들숨과 날숨을 예의주시하는 관법이다. 요즘 유행하고 있는 위빠사나 수행법의 기본이 수식관이다.

삼독등자　위설성취승지법문
三毒等者란 **爲說成就勝智法門**하고

"삼독三毒이 골고루 있는 이에게는 수승한 지혜를 성취할 법문을 말하느니라."

탐욕과 진에와 치암이 모두 치성한 사람은 아주 수승한 지혜를 성취해야 그 뛰어난 지혜로 세 가지 독소를 한꺼번에 다스릴 수 있을 것이다. 예컨대 사람의 병도 한 가지만 있다면 단방약單方藥으로 치료가 가능하겠지만 세 가지 병을 한꺼번에 고쳐야 하는 경우라면 평범한 약으로는 불가능할 것이다.

낙생사자　위설삼고
樂生死者란 **爲說三苦**하고

"생사生死를 좋아하는 이에게는 세 가지 괴로움을 말하느니라."

생사를 벗어나려 하지 않고 도리어 생사를 즐기게 되면

많은 고통이 따르게 되는데 전반적인 고통을 셋으로 분류한다. 먼저 고고苦苦다. 누가 보아도 괴로움임을 알 수 있는 괴로움이다. 병이 들어서 아픈 것과 같은 고통에서 오는 괴로움을 말한다. 다음은 괴고壞苦다. 즐겁고 행복하다고 느끼던 것이 차차 파괴되고 없어지는 이유로 괴롭게 느끼는 것이다. 다음은 행고行苦다. 사물이 변해 가는 것이 괴로움이 되는 것이다. 행行이란 사물이 변화하는 것으로 좋다고 생각하던 것이 나쁘게 되는 것이다. 예를 들어 사랑을 보면 처음에는 남녀가 만나 사랑을 느끼고 두 사람 사이가 급속도로 가까워지고 떨어지기 싫어하지만 세월이 지나면 사랑이 식고 상대의 나쁜 점이 자꾸 보여 싫어지고 괴롭다. 이것이 바로 행고行苦이다.

약 착 처 소 　설 처 공 적
若着處所이든 **說處空寂**하고

"만약 처소에 애착하는 이에게는 처소가 공적함을 말하느니라."

일체 처소가 공적하거늘 무엇을 그리 애착하는가. 어디 처소만 공적한가. 공적한 처소를 어리석게 애착하는 나 자신부터 본래로 무상하고 공적하다는 사실을 우리는 왜 모르는가. 자신이 머무는 처소와 아울러 부귀공명 일체가 무상하고 공적하다. 부디 이 사실 하나만 깨닫고 살아도 그는 현명한 사람이라 하리라.

심해태자　설대정진
心懈怠者는 **說大精進**하고

"마음이 게으른 이에게는 크게 정진함을 말하느니라."

게으름은 부처님께서 가장 경계하신 것이다. 정진만이 진정한 수행의 길이다. 불법에는 용맹정진과 가행정진이라는 것이 있어서 평소의 정진에 가일층 채찍질을 더하는 것을 이른다. 인생은 짧다. 무엇을 믿고 게으름을 피우는가.

회 아 만 자　　설 법 평 등
懷我慢者는 **說法平等**하고

"교만한 마음을 가진 이에게는 법이 평등함을 말하느니라."

교만한 마음이란 자신만이 스스로 잘났고 다른 이는 자기만 못하다고 생각하여 잘난 체하는 마음이다. 따라서 남을 무시한다. 생명을 가진 존재는 사람뿐만 아니라 모두가 평등하다는 평등성을 모르기 때문이다. 그러므로 일체 존재의 평등성을 잘 알아서 평등한 이치를 설해 주어야 한다.

다 첨 광 자　　위 설 보 살　　기 심 질 직
多諂誑者는 **爲說菩薩**의 **其心質直**하고

"아첨하고 거짓이 많은 이에게는 보살의 그 마음이 질직質直함을 말하느니라."

아첨하고 거짓이 많은 사람은 참으로 상대하기 곤란하다. 유화질직자柔和質直者라는 말이 있다. 부처님의 가르침에

귀의하여 그 가르침대로 마음이 유화하고 질박質朴하고 소박素朴하고 순직하여 참되고 속임이 없는 정직正直한 사람을 이른다. 세상 사람들이 모두 유화질직하다면 얼마나 좋은 세상이 될까. 모두는 아니더라도 지도층에 있는 사람, 정치하는 사람, 교육자, 종교인, 사장이나 그룹의 총수, 공직자, 의사와 의약품 관계자, 식품 관계자들이 유화질직하다면 지상에서 가장 살기 좋은 아름다운 세상이 될 것이다.

樂寂靜者는 廣爲說法하야 令其成就니 菩薩이
낙적정자   광위설법   영기성취   보살

如是隨其所應하야 而爲說法이니라
여시수기소응   이위설법

"고요함을 좋아하는 이에게는 널리 법을 말하여 성취케 할 것이니라. 보살이 이와 같이 마땅함을 따라서 법을 말할 것이니라."

또 적정한 삶을 좋아하는 사람에게는 비록 소승적이고 소극적이지만 적정열반을 얻는 법을 설하여 그들로 하여금 적정을 얻도록 가르친다. 이와 같이 보살은 중생들에게 마땅한 바를 따라서 그들을 위하여 법을 설한다.

11) 덕을 갖추어 설법의 이익을 이루다

_{위 설 법 시   문 상 연 속   의 무 천 류}
爲說法時에 **文相連屬**하고 **義無舛謬**하며

"법을 연설할 때에 글이 서로 연속하고 뜻에 잘못이 없어야 하느니라."

덕을 갖추어 설법의 이익을 성취하는 내용은 십구십대十句十對로 되어 있다. 먼저 법을 설할 때는 반드시 경전이나 어록에 근거하여 설해야 한다. 경전이나 어록에 의지하여 설법할 때는 반드시 문장이 서로 연속하여 다른 길로 새지 않아야 한다. 그리고 문장 속에 있는 뜻을 드러내는 데 오류가 없어야 한다. 고인이 말씀하시기를 "설법을 함에 경전과 어록에 근거하지 않는다(담설불섭어전장談說不涉於典章)."고 경계하였다.

관법선후   이지분별
觀法先後하야 **以智分別**하며

"법의 앞과 뒤를 관찰하여 지혜로 분별할지니라."

법의 앞과 뒤를 관찰한다는 것은 법과 지혜가 어긋남이 없어야 한다는 것으로, 즉 법을 의지하고 사람을 의지하지 않아야 하며, 지혜를 의지하고 식識을 의지하지 않아야 하는 것이다. 진리의 가르침인 법을 의지해야지, 사람이야 의지할 것이 되겠는가. 또 지혜는 깨달음에서 나온 것이고 식은 보통 사람의 사량분별심이다. 이것은 열반경의 가르침으로 부처님의 유언과 같은 말씀이다.

시비심정   불위법인
是非審定하야 **不違法印**하며

"옳고 그름을 잘 살펴서 확정하여 법인法印에 어기지 말게 할지니라."

부처님의 궁극적 가르침인 요의경了義經을 의지하고 방편

의 가르침인 불요의경不了義經은 의지하지 않아야 한다는 뜻이다. 요의경은 대승경전이고 불요의경은 소승경전이다. 이 또한 열반경의 가르침으로 부처님의 유언과 같은 말씀이다.

차제건립무변행문　　영제중생　　단일체
次第建立無邊行門하야 **令諸衆生**으로 **斷一切**

의
疑하며

"끝없는 수행의 문을 차례차례 건립하여 모든 중생들로 하여금 일체 의심을 끊게 할지니라."

"수행의 문"이란 화엄경에 의지하면 십신, 십주, 십행, 십회향, 십지, 등각, 묘각 등이다. 이러한 것을 차례차례 나열하면서 수행점차에 다른 의심이 없게 하여야 한다.

선지제근　　입여래교
善知諸根하야 **入如來敎**하며

"모든 근성을 잘 알아서 여래의 교법에 들게 할지니라."

사람을 가르쳐서 부처님의 법에 들어가게 하려면 사람 사람의 근기와 수준과 그가 좋아함을 잘 알아서 그에 알맞게 법을 설해야 한다.

_{증 진 실 제   지 법 평 등}
證眞實際_{하야} **知法平等**_{하며}

"진실한 경계를 증득하여 법의 평등함을 알게 할지니라."

"진실한 경계"란 제법실상의 진리를 뜻한다. 제법실상의 이치는 일체 법이 평등한 공성의 본체다. 먼저 이 이치를 잘 알고 대승보살행으로 나아가는 것이 순서다.

_{단 제 법 애   제 일 체 집}
斷諸法愛_{하야} **除一切執**_{하며}

"모든 법의 애착愛着을 끊어 일체 집착을 제거할지니라."

부귀공명에 대한 애착도 없고, 자신의 몸에 대한 애착도 없고, 수행하여 얻은 법에 대한 애착마저 끊어져서 일체 집착을 다 제거하여야 진실로 법을 잘 설하여 중생을 교화할 수 있다.

常念諸佛하야 心無暫捨하고 了知音聲의 體性平等하며
^{상념제불} ^{심무잠사} ^{요지음성} ^{체성} ^{평등}

"모든 부처님을 항상 생각하고 마음에 잠깐도 버리지 말아서 음성의 체성이 평등함을 알지니라."

부처님을 항상 생각한다는 것은 부처님의 명호를 소리 내어 부르며 마음으로는 늘 생각하여 잊지 않는 일이다. 그럴 때 음성의 체성이 평등하여 공함을 함께 아는 것을 뜻한다.

어제언설 심무소착 교설비유 무상
於諸言說에 **心無所着**호대 **巧說譬喩**하야 **無相
違反**하며

"모든 말에 대하여 마음이 집착함이 없고, 교묘하게 비유를 말하여 서로 어기지 말지니라."

법을 설하는 데는 언어로써 한다. 그러나 자신이 사용하는 언어에 집착하는 마음이 없으면서 아주 능숙하고 감동적인 언어와 비유를 들어 언어와 이치가 서로 어기지 않도록 해야 한다.

실령득오일체제불 수응보현평등지신
悉令得悟一切諸佛의 **隨應普現平等智身**하나니라

"일체 모든 부처님이 마땅한 바를 따라서 널리 나타내는 평등한 지혜의 몸을 깨닫게 할 것이니라."

덕을 갖추어 설법으로 이익을 이루는 열 가지 내용은 설

법으로 중생을 교화하는 내용이다. 설법하여 중생을 교화하는 데는 부처님께서 마땅한 바를 따라서 마침내 평등한 지혜의 몸을 깨닫게 하는 데까지 이르러야 한다. 이것이 곧 설법의 이익이다.

12) 모든 바라밀을 장엄하다

菩薩이 如是爲諸衆生하야 而演說法하면 則自修習하야 增長義利호대 不捨諸度하야 具足莊嚴波羅蜜道니라

"보살이 이와 같이 모든 중생을 위하여 법을 연설하면 곧 스스로 닦아서 이치를 증장하되, 모든 바라밀다를 버리지 아니하여 바라밀다의 도를 구족하게 장엄하느니라."

"스스로 닦아서 이치를 증장한다."는 것은 사람은 누구나 본래로 만행만덕이 자신의 진여생명 속에 구족해 있음을 잘 안다는 뜻이다. 그러나 진여본성은 그렇다고 하지만 현상적으로는 다시 바라밀다를 갖추고 장엄해야 하므로 바라밀을 잘 닦아 장엄한다는 것이다. 그래서 아래에 청정한 십바라밀다를 열거한다.

(1) 보시布施바라밀

是時에 菩薩이 爲令衆生으로 心滿足故로 內外悉捨호대 而無所着하나니 是則能淨檀波羅蜜이니라

"이때에 보살이 중생의 마음을 만족하게 하기 위하여 안의 재물과 밖의 재물을 모두 버리면서도 집착하지 아니하나니, 이것은 보시바라밀다를 청정케 함이니라."

보살이 중생을 위하여 보시를 행할 때 자신의 육신의 일부나 전체를 베푸는 경우를 안의 재물[內財]을 보시하는 것이

라 한다. 밖의 재물이란 자신이 소유한 일체 재산을 말한다. 재보시뿐만 아니라 법보시나 무외보시나 무재칠시無財七施[3]라도 일체 베푼 것에 대해서는 아무런 집착이 없는 것이 곧 보시바라밀을 청정케 하는 것이다.

(2) 지계持戒바라밀

구 지 중 계   이 무 소 착   영 리 아 만   시 즉
具持衆戒호대 **而無所着**하야 **永離我慢**하면 **是則**

능 정 시 바 라 밀
能淨尸波羅蜜이니라

"여러 가지 계율을 갖추어 가지면서도 집착하지 아니하고 아만我慢을 영원히 여의면, 이것이 곧 지계바라

---

3) 무재칠시無財七施. 첫째, 화안시和顔施 : 얼굴에 밝은 미소를 띠고 부드럽게 상대를 대하는 것. 둘째, 언사시言辭施 : 공손하고 아름다운 말로 대하는 것. '품品' 자는 입[口]이 세 개인 것처럼 입에서 품격이 나온다는 뜻이다. 셋째, 심시心施 : 따뜻하고 자비로운 마음으로 사람을 대하는 것. 넷째, 안시眼施 : 부드럽고 편안한 눈빛으로 사람을 대하는 것. 다섯째, 신시身施 : 몸으로 남의 짐을 들어 주거나 친절하게 남의 일을 도와주는 것. 여섯째, 상좌시牀座施 : 지치고 힘든 이에게 자리를 양보하는 것. 일곱째, 방사시房舍施 : 손님에게 편히 쉴 수 있는 잠자리를 제공해 주는 것.

밀다를 청정케 함이니라."

계행을 청정하게 가지는 사람일수록 집착이 강하고 아만이 많은 것을 볼 수 있다. 그리고 남을 무시하여 업신여기는 경우도 많다. 이러한 것보다는 차라리 계행이 철저하지 못하더라도 다른 사람을 존경하면서 사는 것이 훨씬 낫지 않을까.

(3) 인욕忍辱바라밀

悉能忍受一切諸惡호대 **於諸衆生**에 **其心平等**하야 **無有動搖**가 **譬如大地**가 **能持一切**하나니 **是則能淨忍波羅蜜**이니라
실능인수일체제악 어제중생 기심평등 무유동요 비여대지 능지일체 시즉 능정인바라밀

"일체 모든 악한 것을 다 능히 참아 받아들이면서 모든 중생에게 그 마음이 평등하여 흔들리지 않는 것이 비유하자면 마치 대지가 일체를 능히 지니는 것과 같이

하면, 이것은 곧 인욕바라밀다를 청정케 함이니라."

　인욕이란 어려운 것을 참는 것이기도 하며, 일체 악을 능히 참는 것이기도 하며, 모든 유혹을 능히 참는 것이기도 하다. 어려움과 악을 받아들여 참아 내는 것을 마치 대지가 세상 모든 것을 받아들이는 것과 같이 하면 진정한 인욕바라밀을 청정하게 장엄하는 것이다.

(4) 정진精進바라밀

普發衆業_{하야} 常修靡懈_{하며} 諸有所作_에 恒不退轉_{하며} 勇猛勢力_을 無能制伏_{하며} 於諸功德_에 不取不捨_{하야} 而能滿足一切智門_{하나니} 是則能淨精進波羅蜜_{이니라}

　"모든 업을 두루 지으며 항상 닦아서 게으르지 아니

하고, 여러 가지 짓는 일에 퇴전하지 아니하며, 용맹한 세력을 제어할 이 없고, 모든 공덕에 취하지도 버리지도 아니하면서 능히 일체 지혜의 문을 만족하면, 이것이 정진바라밀다를 능히 청정케 함이니라."

보살이 짓는 업을 보살업이라 한다. 보살의 삶에 지옥업이나 아귀업은 있을 수 없다. 중생 교화를 위한 온갖 선업을 끊임없이 지으며 항상 게으르지 않아야 한다. 그것은 보살의 용맹이라 그 누구도 제어할 수 없다. 그렇게 얻은 모든 공덕에 대해서는 취하지도 아니하고 버리지도 아니하는 자세를 가진다. 바람직한 정진은 이와 같다.

(5) 선정禪定바라밀

於五欲境에 **無所貪着**하며

"다섯 가지 욕망 경계에 탐착하지 아니해야 하며"

선정바라밀을 청정하게 하는 것은 불교 수행에 있어서 대단히 중요한 요소다. 특히 한국불교는 선불교를 높이 사기 때문에 여러 가지 불교 수행 중에서 가장 우위에 둔다. 오욕의 문제는 선정 수행의 기본이 되고 제1조건이 되므로 청량 스님은 이 구절을 매우 길게 설명하였다.

"선정바라밀의 제일 첫 구절은 오욕을 꾸짖었다. 꾸짖는 까닭은 무엇인가? 대저 선정이 텅 비고 엉기는 것이 맑기가 고요한 바다와 같아서 높이 성인의 경계에 오르거늘 오히려 망령된 정을 말하고 마음이 치달아 오진五塵경계를 생각하여 어찌 도를 닦겠는가.

어떻게 꾸짖는가? 물질[色]은 뜨거운 쇳덩어리와 같아서 잡기만 하면 곧 타 버린다. 소리는 독을 발라 놓은 북과 같아서 그 북소리를 들으면 반드시 죽는다. 향기는 죽은 용의 독기와 같아서 맡기만 하면 곧 병에 걸린다. 맛은 뜨겁게 끓는 꿀과 같아서 핥으면 곧 상처를 입는다. 촉감은 누워 있는 사자와 같아서 가까이 가면 곧 먹히고 만다. 오욕은 그것을 얻으면 싫어하지 않는 것이 마치 불에 땔나무를 더하는 것과 같다. 나라를 망치고 집안을 무너뜨려서 세세 동안 피해가 되는 것이 원수나 도적보다 더 심하다. 그러므로 응

당히 집착하지 말라. 하물며 보살은 이것을 깨달아 곧 그와 같이 여기거늘 다시 어찌 집착하겠는가."[4]

참선을 하는 수행자나 그 외의 모든 수행자들은 결코 오욕락에 집착해서는 안 된다.

제 차 제 정　　실 능 성 취
諸次第定을 **悉能成就**하며

"모든 차례로 닦는 선정을 모두 성취하며"

선정에 대해 아함경과 구사론 등에서 구차제정九次第定을 설하고 있다. 사선정四禪定과 사공정四空定과 멸진정滅盡定이다. 사선정四禪定은 초선정初禪定, 이선정二禪定, 삼선정三禪定, 사선정四禪定이다. 사공정四空定은 공무변처정空無邊處定, 식무변처정識無邊處定, 무소유처정無所有處定, 비상비비상처정非想非

---

4) 第一句, 訶五欲：所以訶者 夫禪定虛凝 湛猶淳海 高攀聖境 尚曰妄情 馳想五塵 豈當為道. 云何訶之：色如熱金丸 執之則燒, 聲如毒塗鼓 聞之必死, 香如鱉龍氣 嗅之則病, 味如沸熱蜜 舐之則爛傷, 觸如臥師子 近之則嚙. 此五欲者 得之無厭 如火益薪. 亡國敗家世世為害 過於怨賊. 故不應著 況菩薩體此即如 復何所著.

非想處定이다. 그리고 모든 번뇌, 즉 나라는 뿌리나 모든 무명 번뇌의 뿌리를 뽑아 버리는 선정禪定으로서 멸진정滅盡定이 있다. 이와 같은 아홉 단계의 선정을 모두 성취한다.

常正思惟_{하야} 不住不出_{하며} 而能銷滅一切煩惱_{하며} 出生無量諸三昧門_{하며} 成就無邊大神通力_{하며} 逆順次第_로 入諸三昧_{하며}

"항상 바르게 생각하여 머물지도 않고 벗어나지도 아니하며, 일체 번뇌를 능히 소멸하며, 한량없는 모든 삼매문을 출생하며, 그지없는 큰 신통력을 성취하며, 역과 순의 차례로 모든 삼매에 들며,"

제7구에서 "역과 순의 차례로 모든 삼매에 든다."고 하였는데 제1 선정에서 2선, 3선으로 올라가는 것은 순관이며, 제9 선정에서부터 8선, 7선으로 내려가는 것은 역관이다.

於一三昧門^에 入無邊三昧門^{하야} 悉知一切三昧境界^{하며} 與一切三昧^와 三摩鉢底智印^{으로} 不相違背^{하며} 能速入於一切智地^{하나니} 是則能淨禪波羅蜜^{이니라}

 "한 삼매문에서 그지없는 삼매문三昧門에 들어가서 일체 삼매의 경계를 다 알며, 일체 삼매와 삼마발저와 지혜의 인印과 더불어 서로 어기지 아니하여 일체 지혜의 지위에 빨리 들어가나니, 이것이 선정바라밀다를 능히 청정케 함이니라."

 일체 존재가 그렇듯이 일체 삼매도, 한 삼매에 한량없는 삼매가 들어 있고 낱낱 삼매도 또한 그러하다. 그러므로 한 삼매를 성취하면 저절로 한량없는 삼매를 성취하게 된다.

 삼매를 정定 또는 정수定受 등지等持라 번역하고, 삼마발저三摩鉢底는 정定의 일명으로서 등지等至라 번역한다. 정을 등지라 함은 등等은 정력定力에 의하여 혼침惛沈과 도거掉擧의 번뇌를 여의고 마음이 평등, 평정平靜함을 말하고 선정의 힘이 이런 상태에 이르게 하므로 지止라 한다. 바람직한 선정은 지혜와 조화를 이루었을 때다. 이것이 선정바라밀을 능히 청정케 함이다.

(6) 반야般若바라밀

어 제 불 소　　문 법 수 지　　　근 선 지 식　　　승 사
於諸佛所에 **聞法受持**하며 **近善知識**하야 **承事**

불 권　　　상 락 문 법　　　심 무 염 족　　　수 소 청 수
不倦하며 **常樂聞法**하야 **心無厭足**하며 **隨所聽受**하야

여 리 사 유　　　입 진 삼 매　　　이 제 벽 견　　　선 관 제
如理思惟하며 **入眞三昧**하야 **離諸僻見**하며 **善觀諸**

법　　　득 실 상 인　　　요 지 여 래　　무 공 용 도　　　승
法하야 **得實相印**하며 **了知如來**의 **無功用道**하며 **乘**

보 문 혜　　　입 어 일 체 지 지 지 문　　　영 득 휴 식
普門慧하고 **入於一切智智之門**하야 **永得休息**하나니

시 즉 능 정 반 야 바 라 밀
是則能淨般若波羅蜜이니라

"모든 부처님께 법을 듣고 받아 지니며, 선지식을 친근하여 섬기고 게으르지 아니하며, 항상 법문 듣기를 좋아하여 마음에 싫어함이 없고, 들음에 따라 이치답게 생각하며, 참된 삼매에 들어 모든 사특한 소견을 여의며, 모든 법을 잘 관찰하여 실상實相의 인印을 얻으며, 여래의 공용功用 없는 도道를 분명히 알며, 넓은 문의 지혜를 타고 일체 지혜의 지혜[一切智智] 문에 들어가서 영원히 휴식함을 얻느니라. 이것이 반야바라밀다를 청정케 함이니라."

불교 수행의 기본은 법문을 듣고, 들은 것을 깊이 사유하고, 관법觀法을 통해서 닦는 문사수聞思修 삼혜三慧에 있다. 이 세 가지를 제대로 실천함으로써 반야지혜가 성취된다. 반야바라밀을 청정하게 하는 요체는 바로 이것이다. 그래서 여래의 공용功用 없는 도道와 일체 지혜의 지혜와 영원히 휴식을 얻게 된다.

(7) 방편方便바라밀

示現一切世間作業하며 敎化衆生호대 而不厭
倦하며 隨其心樂하야 而爲現身하며 一切所行에 皆
無染着하며 或現凡夫하고 或現聖人의 所行之行하며
或現生死하고 或現涅槃하며 善能觀察一切所作하며
示現一切諸莊嚴事호대 而不貪着하며 徧入諸趣하며
度脫衆生하나니 是則能淨方便波羅蜜이니라

"일체 세간에서 업 지음을 나타내 보이며, 중생을 교화하되 게으르지 아니하며, 그들이 즐겨함을 따라 몸을 나타내며, 일체 행하는 일에 물들지 아니하며, 혹은 범부를 나타내고 혹은 성인의 행하는 행을 나타내며, 혹은 생사生死를 나타내고 혹은 열반을 나타내며, 일체 지을 것을 잘 관찰하며, 일체 장엄하는 일을 나타내면서도 탐착貪着하지 아니하고, 모든 갈래[諸趣]에 두루 들어가 중생을 제도하나니, 이것이 곧 방편바라밀다를 청정케 함이니라."

　방편의 방方은 방법이고 편便은 편리로서, 일체 중생의 근기에 계합하는 방법과 수단을 편리하게 쓰는 것이다. 또 방은 방정한 이치이고 편은 교묘한 언어로서, 여러 가지 근기根機의 중생들에게 방정한 이치와 교묘한 말을 하는 것이다. 또한 방은 중생의 방성方城이며 편은 교화하는 편법으로, 여러 근기의 중생에게 방역에 순응하여 적당히 교화하는 편법을 쓰는 것이다.

　즉 중생을 제도하기 위해 여러 가지 수단과 방법을 강구하는 것이며 또는 그 수단과 방법을 방편이라 한다. 부처님은 근기가 아직 성숙하지 못하여 깊고 묘한 교법을 받아들이지 못하는 어리석은 중생들을 깊고 묘한 진실도로 나아가게 하기 위하여 낮고 보잘것없는 방편으로써 중생을 교화하였다.

　보살이 중생을 교화하는 방편이 어디 열 가지뿐이겠는가마는 중요하고 기본이 되는 열 가지를 밝혔다. 예컨대 세간에 들어가서 일부러 교묘히 업을 짓기도 한다. 그러나 중생이 보살의 방편을 알 턱이 없다. 또 중생들이 좋아함을 따라서 열심히 교화하되 중생의 일에 물들지 않는다. 신념이 투철하지 못한 채 시중에 나가서 포교활동을 하다가 도리어 세속에 물들고 마는 사람들이 꼭 반성해야 할 일이다. 또 보살은 중생 교화에 필요하다면 범부의 모습도 나타내고 성인의 모습도 나타내고, 생사도 열반도 다 자재하게 나타낸다. 세상을 아름답게 장엄하는 일을 잘 나타내 보이되 탐착하지 아니한다. 그리고 지옥, 아귀, 축생, 인간, 천신, 아수라에 다 들어가서 중생을 교화하여 해탈케 한다. 이것이 방편바라밀의 청정한 경계다.

(8) 원願바라밀

진 성 취 일 체 중 생
盡成就一切衆生하며

진 장 엄 일 체 세 계
盡莊嚴一切世界하며

진
盡

공 양 일 체 제 불
供養一切諸佛하며

진 통 달 무 장 애 법
盡通達無障礙法하며

진 수 행
盡修行

변법계행　　　신항주진미래겁　　　지진지일체
徧法界行하며 **身恒住盡未來劫**하며 **智盡知一切**

심념　　　진각오유전환멸　　　진시현일체국토
心念하며 **盡覺悟流轉還滅**하며 **盡示現一切國土**하며

진증득여래지혜　　　시즉능정원바라밀
盡證得如來智慧하나니 **是則能淨願波羅蜜**이니라

"일체 중생을 모두 다 성취하며, 일체 세계를 모두 다 장엄하며, 일체 부처님들께 모두 다 공양하며, 장애 없는 법을 모두 다 통달하며, 법계에 가득한 행을 모두 다 수행하며, 몸은 오는 세월이 끝나도록 항상 머물며, 지혜로 일체 마음을 모두 다 알며, 흘러 헤매고[流轉] 다시 멸함[還滅]을 모두 다 깨달으며, 일체 국토를 모두 다 나타내며, 여래의 지혜를 모두 다 증득하기를 서원하나니, 이것이 곧 원바라밀다를 청정케 함이니라."

원은 '바란다'는 뜻으로, 바라는 것을 반드시 얻으려고 하는 희망인 서원誓願이다. 이 원에는 ① 처음으로 진리를 갈구하며 발심하는 발심원發心願 ② 미래세未來世에 출생하여 중생을 선도하고 두루 이익되게 하겠다는 수생원受生願 ③ 모

든 진리를 올바로 사유하고 참다운 지혜로써 간택하며 뛰어난 공덕功德을 쌓아 중생을 교화하겠다고 결심하는 소행원所行願 ④ 일체의 진리와 보리菩提의 공덕을 포섭하고 수용하겠다는 정원正願 ⑤ 정원에서 더욱 나아가 법과 중생을 위하여 몸을 바치겠다는 대원大願 등이 있다.

보살이 중생을 교화하고 세상을 살기 좋게 하는 데는 가장 중요한 것이 원이다. 원은 곧 꿈이며, 희망이며, 삶의 기대감이다. 여기에서는 열 가지 원을 열거하였다. 모두 다 익히 알 수 있는 내용들이다.

(9) 역力바라밀

구 심 심 력   무 유 잡 염 고   구 심 신 력   무
具深心力하야 無有雜染故며 具深信力하야 無

능 최 복 고   구 대 비 력   불 생 피 염 고   구 대 자
能摧伏故며 具大悲力하야 不生疲厭故며 具大慈

력   소 행 평 등 고   구 총 지 력   능 이 방 편
力하야 所行平等故며 具總持力하야 能以方便으로

지 일 체 의 고
持一切義故며

"깊은 마음의 힘을 갖추었으니 잡되게 물듦이 없는 연고며, 깊이 믿는 힘을 갖추었으니 꺾을 이가 없는 연고며, 대비大悲의 힘을 갖추었으니 싫어함을 내지 않는 연고며, 대자大慈의 힘을 갖추었으니 행함이 평등한 연고며, 모두 지니는 힘[總持力]을 갖추었으니 방편으로 일체 뜻을 능히 갖는 연고이니라."

역力은 몸과 마음을 요란하게 하여 선법善法을 방해하고 좋은 일을 깨뜨려 수도에 장애가 되는 것을 막는 힘을 뜻한다. 이 역力에는 사택력思擇力과 수습력修習力이 있다. 사택력은 지혜로써 사물을 진리와 같이 생각하며 실천하는 힘이고, 수습력은 육바라밀을 수행하는 정진력을 뜻한다.

번뇌 망상에 물든다는 것은 깊은 마음의 힘이 없다는 증거다. 외도나 마군에게 꺾이면 깊은 신심의 힘이 없다는 증거다. 중생 교화에 싫증을 느낀다면 대비大悲의 힘이 없다는 증거다. 무슨 일로 어떤 사람을 상대하든지 평등하게 하지 않는다는 것은 대자大慈의 힘을 갖추지 못했기 때문이다. 방편으로 일체 뜻을 능히 갖지 못하는 것은 모두 지니는 힘[總持力]을 갖추지 못했기 때문이다. 힘의 바라밀이란 이와 같다.

구변재력　　　영일체중생　　　환희만족고
具辯才力하야 **令一切衆生**으로 **歡喜滿足故**며

구바라밀력　　　장엄대승고　　　구대원력　　　영
具波羅蜜力하야 **莊嚴大乘故**며 **具大願力**하야 **永**

부단절고　　　구신통력　　　출생무량고　　　구가지
不斷絶故며 **具神通力**하야 **出生無量故**며 **具加持**

력　　영신해영수고　　시즉능정역바라밀
力하야 **令信解領受故**니 **是則能淨力波羅蜜**이니라

"변재辯才의 힘을 갖추었으니 일체 중생으로 하여금 기쁨을 만족케 하는 연고며, 바라밀다의 힘을 갖추었으니 대승大乘을 장엄하는 연고며, 큰 서원誓願의 힘을 갖추었으니 길이 끊어지지 않는 연고며, 신통의 힘을 갖추었으니 한량없는 것을 내는 연고며, 가지加持하는 힘을 갖추었으니 믿어 이해하고 받아들이게 하는 연고이니라. 이것이 곧 역바라밀다를 청정케 함이니라."

일체 중생으로 하여금 기쁨을 만족하게 하지 못한다면 변재辯才의 힘을 갖추지 못했기 때문이다. 대승大乘을 장엄하는 것은 모든 사람을 피안에 이르게 하는 것이다. 만약 그렇지 못하다면 바라밀의 힘을 갖추지 못한 것이다. 수행과 교

화에 길이 단절되지 않는 것은 큰 서원誓願의 힘을 갖추었기 때문이다. 한량없는 것을 내지 못한다면 신통의 힘을 갖추지 못한 까닭이다. 불법을 믿고 이해하고 받아들이는 것은 부처님의 가피의 힘을 갖추었기 때문이다. 힘의 바라밀이란 이와 같이 여러 가지로 작용한다.

(10) 지혜智慧바라밀

知貪欲行者하며 知瞋恚行者하며 知愚癡行者하며 知等分行者하며 知修學地行者하며 一念中에 知無邊衆生行하며 知無邊衆生心하며 知一切法眞實하며 知一切如來力하며 普覺悟法界門하나니 是則能淨智波羅蜜이니라

"탐욕이 많은 이를 알며, 성냄이 많은 이를 알며, 어

리석음이 많은 이를 알며, 삼독이 골고루 있는 이[等分行
者]를 알며, 배우는 지위를 수행하는 이를 알며, 잠깐 동
안에 그지없는 중생의 행을 알며, 그지없는 중생의 마
음을 알며, 일체 법의 진실함을 알며, 일체 여래의 힘을
알아 법계의 문을 두루 깨닫나니, 이것이 곧 지혜바라
밀다를 청정케 함이니라."

지智는 결단을 의미하며, 모든 사상事象과 도리에 대하여
옳고 그름과 삿되고 바름을 분별하고 판단하는 마음의 작
용이다. 지는 혜慧의 여러 가지 작용의 하나이나 지혜라 붙
여 쓴다. 불교에서는 깨달음의 세계의 참뜻은 지를 얻는 데
있다 하고, 불과佛果에 이르러서도 지를 주덕主德으로 한다.

이 십바라밀은 우리나라에서 신라시대 이래 유가법상종
瑜伽法相宗과 화엄종을 중심으로 그 실천이 크게 강조되었으
나, 조선시대에 이르러 선禪 중심의 불교에서 육바라밀만을
중심으로 채택하게 됨에 따라 나머지 네 가지 바라밀은 크
게 중요시하지 않았다. 이제 화엄경이 활발하게 연구되어 십
바라밀이 제자리를 잡아야 할 것이다.

부처님의 가르침 중에서 가장 우선하는 것은 지혜다. 지

혜는 밝은 눈과 같다. 밝은 눈이 있으므로 가는 길의 방향을 바로 정할 수가 있듯이 지혜는 불법 수행을 바르게 할 수 있는 근본이 된다. 그래서 육바라밀에서도 지혜가 마지막이며 십바라밀에서도 지혜가 마지막이다. 마지막이란 근본의 의미이며 결론의 의미이다.

13) 법을 설하여 해탈을 얻게 하다

佛子야 菩薩이 如是淸淨諸波羅蜜時와 圓滿諸波羅蜜時와 不捨諸波羅蜜時에 住大莊嚴菩薩乘中하고 隨其所念一切衆生하야 皆爲說法하야 令增淨業하야 而得度脫하니라

"불자여, 보살이 이와 같이 모든 바라밀다를 청정히 할 때와 모든 바라밀다를 원만히 할 때와 모든 바라밀

다를 버리지 아니할 때에 크게 장엄한 보살승菩薩乘 가운데 머물러서 그 생각하는 바 일체 중생을 따라서 다 법을 설하여 깨끗한 업을 증장하여 해탈을 얻게 하느니라."

불교의 가장 뛰어난 실천 덕목은 십바라밀이다. 이 십바라밀을 청정히 하고 원만히 하여 항상 지닌다면 곧 진정한 보살의 수레를 타고 중생을 위한 진리의 설법으로 만 중생을 제도하여 해탈케 할 것이다.

墮惡道者를 教使發心하며 在難中者를 令勤精進하며
_{타악도자 교사발심   재난중자   영근정진}

"악도에 떨어진 이는 가르쳐 발심케 하고, 어려움에 있는 이는 부지런히 정진케 하느니라."

진정한 보살의 수레를 타고 중생을 위한 진리의 설법으로 만 중생을 제도하여 해탈케 할 때에 악도에 떨어진 사람은 잘 가르쳐서 보리심을 발하게 하고, 부처님을 보지 못하고 불법을 들을 수 없는 여덟 가지 곤란한 상황과 같은 지옥地獄, 축생畜生, 아귀餓鬼, 장수천長壽天, 맹롱음아盲聾瘖瘂, 울단월鬱單越, 세지변총世智辯聰, 불전불후佛前佛後에 있다 하더라도 부지런히 정진하게 한다.

多貪衆生에 **示無貪法**하며 **多瞋衆生**에 **令行平等**하며 **着見衆生**에 **爲說緣起**하며
(다 탐 중 생   시 무 탐 법   다 진 중 생   영 행 평 등   착 견 중 생   위 설 연 기)

"탐욕이 많은 중생은 탐욕이 없는 법을 보여 주고, 성을 잘 내는 중생은 평등함을 행하게 하고, 삿된 소견에 빠진 중생은 연기법을 말하여 주느니라."

탐욕이 많은 사람에게는 사람 몸의 부정함을 설하여 싫증을 나게 만들고, 성을 잘 내는 사람에게는 뭇 생명의 존귀함을 설하여 자비관을 닦도록 하고, 삿된 견해에 빠진 사람에게는 일체 법의 연기성緣起性을 가르쳐서 연기관緣起觀을 성

취하게 한다. 삿된 견해란 곧 존재의 연기성을 모르는 것을 뜻하기 때문이다. 연기의 이치만 알면 인생을 삿되거나 어리석게 살지는 않을 것이다.

　마승馬勝비구가 사리불과 목건련을 교화한 것도 바로 이 연기의 법문을 인해서였다. 사리불과 목건련은 어느 날 마승비구를 만나 "모든 법은 인연으로부터 생기고 모든 법은 인연으로부터 소멸한다. 우리 부처님 큰 사문께서는 항상 이와 같은 말씀을 하신다."[5]는 설법을 듣고 발심하여 부처님의 제자가 되었다.

　　　욕 계 중 생　　교 리 욕 에 악 불 선 법　　색 계 중 생
　　欲界衆生에 敎離欲恚惡不善法하며 色界衆生에

위 기 선 설 비 발 사 나　　무 색 계 중 생　　위 기 선 설
爲其宣說毘鉢舍那하며 無色界衆生에 爲其宣說

미 묘 지 혜　　이 승 지 인　　교 적 정 행　　낙 대 승 자
微妙智慧하며 二乘之人에 敎寂靜行하며 樂大乘者에

---

5) 諸法從緣生 諸法從緣滅 我佛大沙門 常作如是說.

위 설 십 력 광 대 장 엄
爲說十力廣大莊嚴이니라

"욕계의 중생에게는 탐욕과 성냄과 나쁘고 선하지 아니한 법을 여의도록 가르치고, 색계의 중생에게는 비발사나毘鉢舍那를 말하여 주고, 무색계의 중생에게는 미묘한 지혜를 말하여 주고, 이승二乘들에게는 고요한 행을 가르치고, 대승을 좋아하는 이에게는 열 가지 힘과 광대한 장엄을 연설하느니라."

욕계란 욕심으로 가득 채워진 중생들이 살기 때문에 욕계라 한다. 욕심은 성냄과 어리석음까지 동반하여 온갖 고통을 야기한다. 색계 중생들은 그나마 조금 낫다. 그래서 단순한 수행법을 가르친다. 비발사나毘鉢舍那는 위빠사나의 한역어다. 현상을 있는 그대로 통찰하는 부처님의 수행법으로 사념처四念處 수행이라고도 하는데 대념처경에 잘 설명되어 있다. 흔히 숨 쉬는 것을 예의주시하며 마음을 집중하여 안정시키는 수행법이다. 무색계 중생은 정신적인 차원이 매우 높은 천신들이라서 미묘한 지혜라야 깨달음에 이른다. 성문이나 연각들은 적정법을 좋아하므로 열반적정을 가르친다. 대승보살이나 부처의 경지를 바라는 이들에게는 부처님의 열 가지 힘[十力][6]과 광대한 세계의 장엄을 설법해 준다.

여기왕석초발심시 견무량중생 타제악
如其往昔初發心時에 **見無量衆生**이 **墮諸惡**

도 대사자후 작여시언 아당이종종법
道하고 **大獅子吼**로 **作如是言**호대 **我當以種種法**

문 수기소응 이도탈지 보살 구족여
門으로 **隨其所應**하야 **而度脫之**라하니 **菩薩**이 **具足如**

시지혜 광능도탈일체중생
是智慧하야 **廣能度脫一切衆生**이니라

"저 지난 옛적 처음 발심할 적에 한량없는 중생이 나

---

6) 십력十力. 부처님만이 갖추고 있는 열 가지 지혜의 능력. ① 처비처지력處非處智力: 이치에 맞는 것과 맞지 않는 것을 분명히 구별하는 능력 ② 업이숙지력業異熟智力: 선악의 행위와 그 과보를 아는 능력 ③ 정려해탈등지등지지력靜慮解脫等持等至智力: 모든 선정禪定에 능숙함 ④ 근상하지력根上下智力: 중생의 능력이나 소질의 우열을 아는 능력 ⑤ 종종승해지력種種勝解智力: 중생의 여러 가지 뛰어난 판단을 아는 능력 ⑥ 종종계지력種種界智力: 중생의 여러 가지 근성을 아는 능력 ⑦ 변취행지력遍趣行智力: 어떠한 수행으로 어떠한 상태에 이르게 되는지를 아는 능력 ⑧ 숙주수념지력宿住隨念智力: 중생의 전생을 기억하는 능력 ⑨ 사생지력死生智力: 중생이 죽어 어디에 태어나는지를 아는 능력 ⑩ 누진지력漏盡智力: 번뇌를 모두 소멸시키는 능력.

뿐 갈래에 떨어진 것을 보고 큰 사자후로 말하기를 '내 마땅히 갖가지 법문으로 저들이 응할 바를 따라서 제도하리라.' 하였던 바와 같이 보살이 이와 같은 지혜를 구족하고 일체 중생을 널리 제도하느니라."

보살이 중생을 위해 법을 설하여 해탈을 얻게 하는 내용의 결론이다. 보살이 처음 보리심을 발했을 때 한량없는 중생들이 악도에 떨어져 고통받는 것을 보고 세웠던 그 서원으로 지혜를 구족하고 일체 중생을 널리 제도하는 것이다.

14) 삼보의 종성種性이 끊어지지 않게 하다

佛子_야 菩薩_이 具足如是智慧_{하야} 令三寶種_{으로}
永不斷絶_{하나니} 所以者何_오 菩薩摩訶薩_이 教諸衆
生_{하야} 發菩提心_{일새} 是故_로 能令佛種不斷_{이며} 常

위 중 생　　　개 천 법 장　　　시 고　　능 령 법 종 부 단
爲衆生하야 **開闡法藏**일새 **是故**로 **能令法種不斷**이며

선 지 교 법　　　무 소 괴 위　　　시 고　　능 령 승 종 부
善持教法하야 **無所乖違**일새 **是故**로 **能令僧種不**

단
斷이니라

"불자여, 보살이 이와 같은 지혜를 구족하면 삼보三寶의 종성이 영원히 끊어지지 않게 하나니, 무슨 까닭인가. 보살마하살이 모든 중생들로 하여금 보리심을 내게 하므로 부처님의 종성이 끊어지지 않게 하며, 항상 중생을 위하여 법장法藏을 열어 보이므로 법보法寶의 종성이 끊어지지 않게 하며, 교법教法을 잘 받들어 어기지 아니하므로 승보僧寶의 종성이 끊어지지 않게 하느니라."

삼보란 부처님과 부처님의 가르침과 부처님의 가르침을 따르는 대중을 말한다. 이와 같은 삼보가 영원토록 세상과 함께하려면 보살의 보리심을 발하여 수행하고 전법하는 데 달려 있다. 그것이 곧 지혜다. 이와 같은 지혜를 구족하면 다시 또 중생들을 가르쳐서 보리심을 발하게 한다. 보리심

을 발한 보살이 있다는 것이 곧 부처님의 종성이 계속된다는 것이다. 또 보리심을 발한 보살은 항상 중생을 위하여 법장法藏을 열어 보이며 일체 대승경전과 내지 화엄경을 널리 전파하므로 법보法寶의 종성이 끊어지지 않게 된다. 또 보리심을 발한 보살은 교법을 잘 받들어 어기는 바가 없다. 그래서 승보僧寶의 종성이 끊어지지 않게 되는 것이다.

復次悉能稱讚一切大願일새 是故로 能令佛種
不斷이며 分別演說因緣之門일새 是故로 能令法種
不斷이며 常勤修習六和敬法일새 是故로 能令僧種
不斷이니라

"다시 또 일체 큰 소원을 모두 칭찬하므로 부처님의 종성이 끊어지지 않게 하며, 인연의 문을 분별하여 연설하므로 법보의 종성이 끊어지지 않게 하며, 여섯 가지 화합하는 법[六和敬法]을 부지런히 닦으므로 승보의 종성이 끊어지지 않게 하느니라."

다시 또 부처님의 종성이 끊어지지 않게 하는 길은 일체의 광대한 원력이다. 보리심을 발한 보살이 불법을 널리 전하겠다는 큰 원력이 있다면 그것이 곧 부처님의 종성을 계속해서 이어가는 모습이다. 또 보리심을 발한 보살이 인연의 이치를 잘 분별하여 연설한다면 그것이 곧 법보의 종성이 끊어지지 않게 하는 길이다. 또 보리심을 발한 보살은 승단생활의 화합을 위한 기본이며 이상적인 사회생활의 기본이 되는 여섯 가지 화합하는 육화경법六和敬法을 부지런히 닦으므로 그것이 곧 승보의 종성이 계속되는 길이 된다.

여섯 가지 화합하는 법이란 여러 곳에서 조금씩 다르게 표현되었으나 청량스님의 화엄소를 근거로 하여 열거한다.

① 신화동집身和同集 : 몸으로는 서로 화합하고 공경하여 같은 장소에 모여 살아라.

② 구화무쟁口和無諍 : 입으로는 서로 화합하고 공경하여 다투지 말라.

③ 의화무위意和無違 : 뜻으로는 서로 화합하고 공경하여 어기지 말라.

④ 견화동해見和同解 : 견해로는 서로 화합하고 공경하여 같이 이해하라.

⑤ 계화동봉戒和同奉 : 계율은 서로 화합하고 공경하여 함께 받들라.

⑥ 이화동균利和同均 : 이익은 서로 화합하고 공경하여 균등하게 하라.

이와 같은 원칙을 잘 지키면 승보의 종성이 영원히 이어질 것이다.

復次_{부차}於衆生田中_{어중생전중}에 下佛種子_{하불종자}일새 是故_{시고}로 能令_{능령}

佛種不斷_{불종부단}이며 護持正法_{호지정법}호대 不惜身命_{불석신명}일새 是故_{시고}로

能令法種不斷_{능령법종부단}이며 統理大衆_{통리대중}호대 無有疲倦_{무유피권}일새 是

故_고로 能令僧種不斷_{능령승종부단}이니라

"다시 또 중생이란 밭에 부처님 종자를 심으므로 부처님의 종성이 끊어지지 않게 하며, 바른 법을 호지하여 목숨을 아끼지 아니하므로 법보의 종성이 끊어지지 않게 하며, 대중을 통솔하여 고달픈 줄 모르므로 승보의 종성이 끊어지지 않게 하느니라."

중생이란 밭에 부처님 종자를 심는 것이란 무엇인가. 보살이 보리심을 발하여 중생의 마음 가운데 본래 부처에서 다시 새롭게 부처를 지어 가는 일이다. 그것이 부처님의 종성이 끊어지지 않는 길이다. 또 부처님의 정법을 위하여 목숨을 아끼지 아니하고 널리 전법한다면 그것이 곧 법보의 종성이 영원히 이어지는 길이다. 대중을 잘 다스리고 대중들이 머무는 사찰을 합리적이면서 부처님의 법도에 맞게 운영한다면 그것이 또한 승보의 종성을 영원히 이어가는 길이다.

부 차 어 거 래 금 불   소 설 지 법   소 제 지 계   개
復次於去來今佛의 **所說之法**과 **所制之戒**를 **皆**

실봉지　　심불사리　　시고　능령불법승종
悉奉持하야 心不捨離일새 是故로 能令佛法僧種으로

영부단절
永不斷絶이니라

"다시 또 과거 미래 현재의 부처님이 말씀하신 법과 제정하신 계율을 모두 받들어 지니고 마음에 버리지 아니하나니, 그러므로 불보佛寶 법보法寶 승보僧寶의 종성이 영원히 끊어지지 않게 하느니라."

다시 한 번 다짐하는 뜻으로 삼세제불의 설하신 법과 제정하신 계율을 마음에 새겨 버리지 않는다면, 그것이 곧 불보와 법보와 승보의 종성을 영원히 계승하는 길이라고 하였다.

15) 보살의 선근 방편

(1) 간략히 밝히다

보살　　여시소륭삼보　　일체소행　　무유과
菩薩이 如是紹隆三寶일새 一切所行이 無有過

失하며 隨有所作하야 皆以廻向一切智門일새 是故

三業이 皆無瑕玷이니

"보살이 이와 같이 삼보三寶의 대를 이어 융성케 하면 온갖 행하는 일에 허물이 없을 것이니라. 무엇이나 짓는 일을 따라서 다 일체 지혜의 문에 회향하므로 세 가지 업에 모두 허물이 없음이니라."

삼보의 대를 잇는 보살이라면 무엇을 하든 무슨 과실이 있겠는가. 또 모든 하는 일이 일체 지혜의 문에 회향하여 몸과 말과 뜻에 지혜로 작용하여 모두 허물이 없으리라.

無瑕玷故로 所作衆善과 所行諸行으로 敎化衆生하야 隨應說法호대 乃至一念도 無有錯謬하고 皆與方便智慧相應하야 悉以向於一切智智하야 無

공 과 자
空過者니라

"허물이 없으므로 짓는 선근과 행하는 일과 중생을 교화하여 마땅한 바를 따라 법을 연설하매 내지 잠깐이라도 착오가 없으며, 모두 방편 지혜와 서로 응할 것이요, 이것으로 일체 지혜의 지혜에 회향하여 헛되이 지내는 일이 없을 것이니라."

몸과 말과 뜻에 허물이 없으므로 선근을 짓는 일이나 행하는 일이 모두 중생을 교화하여 마땅한 바를 따라서 법을 설하는 것이 된다. 즉 신구의 삼업으로 표현하는 모든 것이 설법이 되리라. 그것이 곧 방편 지혜며, 평등과 차별을 모두 꿰뚫어 아는 지혜에 회향하여 헛되이 지냄이 없을 것이다.

(2) 열 가지 장엄을 밝히다

보 살 여 시 수 습 선 법   염 념 구 족 십 종 장 엄
菩薩이 **如是修習善法**하야 **念念具足十種莊嚴**

하나니 **何者**가 **爲十**고 **所謂身莊嚴**이니 **隨諸衆生**의 **所應調伏**하야 **而爲示現故**며 **語莊嚴**이니 **斷一切疑**하야 **皆令歡喜故**며 **心莊嚴**이니 **於一念中**에 **入諸三昧故**며

"보살이 이와 같이 선한 법을 닦으면 생각 생각마다 열 가지 장엄을 구족하리니, 무엇이 열인가. 이른바 몸의 장엄이니, 모든 중생들의 조복할 바를 따라서 나타내 보이는 까닭이니라. 말의 장엄이니, 일체 의심을 끊어서 모두를 기쁘게 하는 까닭이니라. 마음의 장엄이니, 한 생각 가운데서 모든 삼매에 들어가는 까닭이니라."

열 가지 장엄 가운데 먼저 몸과 말과 마음의 장엄이다. 어떻게 몸과 말과 마음이 장엄이 되는가? 몸으로 중생을 조복할 수 있는 몸을 나타내면 그것이 몸의 장엄이 된다. 사리불 존자가 외도를 섬기고 있을 때 마승馬勝비구의 교양 있고 품

위 있고 점잖은 모습을 보고 감동한 경우와 같다. 말의 장엄이란 신의 있는 말과 진실하고 이치에 맞는 말로써 사람들의 의심을 끊어서 기쁘게 해 준다면 그것이 말의 장엄이 된다. 마음의 장엄이란 한 생각에 모든 삼매에 들어갈 수 있으면 그것이 곧 마음의 장엄이다.

佛刹莊嚴이니 一切淸淨하야 離諸煩惱故며 光
明莊嚴이니 放無邊光하야 普照衆生故며 衆會莊嚴
이니 普攝衆會하야 皆令歡喜故며 神通莊嚴이니 隨
衆生心하야 自在示現故며

"부처님 세계의 장엄이니, 일체가 청정하여 모든 번뇌를 여읜 까닭이니라. 광명의 장엄이니, 그지없는 광명을 놓아 중생에게 널리 비추는 까닭이니라. 회중會衆의 장엄이니, 모인 이들을 두루 거두어 환희케 하는 까닭이니라. 신통의 장엄이니, 중생의 마음을 따라 자재하게 나타내는 까닭이니라."

부처님 세계의 장엄이란 일체가 텅 비어 청정하고 아름답고 자연스러운 모습이다. 진정으로 아름다운 환경을 보면 일체 번뇌가 다 사라진다. 지혜 광명으로 중생에게 진리의 가르침을 널리 펴는 것이 광명의 장엄이다. 수많은 대중들이 정직하고 선량하고 신심이 굳어서 화합이 잘되면 그것이 회중의 장엄이다. 중생의 마음을 따라서 자유자재하게 나타내 보인다면 그것이 신통 장엄이다.

정교장엄   능섭일체총혜인고   열반지장
正敎莊嚴이니 能攝一切聰慧人故며 涅槃地莊

엄   어일처성도   주변시방   실무여고   교
嚴이니 於一處成道에 周徧十方하야 悉無餘故며 巧

설장엄   수처수시   수기근기   위설법고
說莊嚴이니 隨處隨時하며 隨其根器하야 爲說法故라

보살   성취여시장엄   어염념중   신어의업
菩薩이 成就如是莊嚴하야 於念念中에 身語意業이

개 부 공 과　　실 이 회 향 일 체 지 문
皆無空過하야 **悉以廻向一切智門**이니라

"바른 교법의 장엄이니, 모든 총명한 사람을 능히 거두어들이는 까닭이니라. 열반한 곳의 장엄이니, 한곳에서 성도成道하여도 시방에 두루 하여 남은 데가 없는 까닭이니라. 교묘하게 연설하는 장엄이니, 곳을 따르고 때를 따르고 근기를 따라서 법을 연설하는 까닭이니라. 보살이 이와 같은 장엄을 성취하면 생각마다 몸과 말과 뜻으로 짓는 업에 헛되이 지내지 아니하고 모두 일체 지혜의 문으로 회향하느니라."

　총명한 사람을 능히 거두어들이고 불법 공부하기를 좋아하는 사람에게 즐거움을 주는 것은 바른 가르침의 장엄이다. 한곳에서 성도하여 시방세계에 두루 하는 것은 열반지의 장엄이다. 곳을 따르고 때를 따르고 근기를 따라서 법을 연설하는 것은 교묘한 연설의 장엄이다. 보살의 삶은 이와 같이 언제 어디서 무엇을 하든 늘 세상을 장엄하는 삶이 되어야 한다.

(3) 다른 이를 이롭게 함이 헛되지 않음을 밝히다

약유중생　　　 견차보살　　　 당지역부무공과자
若有衆生이 **見此菩薩**하면 **當知亦復無空過者**니

이필당성아뇩다라삼먁삼보리고
以必當成阿耨多羅三藐三菩提故며

"만약 어떤 중생이 이 보살을 보는 이는 마땅히 알라. 또한 다시 헛되이 지내지 아니하리니 반드시 아뇩다라삼먁삼보리를 이루는 까닭이니라."

언제 어디서 무엇을 하든 세상의 장엄이 되는 보살을 친견하는 중생이 있다면 결코 헛되지 아니하고 보리심을 발하여 끝내는 가장 높은 정각을 이루게 될 것이다.

약문명　　　　약공양　　　　약동주　　　　약억념
若聞名이어나 **若供養**이어나 **若同住**어나 **若憶念**이어나

약수출가　　　약문설법　　　약수희선근　　　　약
若隨出家어나 **若聞說法**이어나 **若隨喜善根**이어나 **若**

요생흠경　　　내지칭양찬탄명자　　　개당득아
遙生欽敬이어나 **乃至稱揚讚歎名字**인댄 **皆當得阿**

녹 다 라 삼 먁 삼 보 리
耨多羅三藐三菩提니라

 "만약 이름을 듣거나, 공양하거나, 함께 있거나, 생각하거나, 따라 출가하거나, 설법을 듣거나, 선근을 따라 기뻐하거나, 멀리서라도 공경하거나, 내지 이름을 칭찬하더라도 모두 마땅히 아뇩다라삼먁삼보리를 얻으리라."

 이산혜연선사의 발원문에 "내 모양을 보는 이나 내 이름을 듣는 이는 보리마음 모두 내어 윤회고를 벗어나지이다."라고 하였으며, 나옹스님의 행선축원문에는 "내 이름을 듣는 이는 삼악도의 고통을 면하고 나의 형상을 보는 이는 해탈을 얻어지이다[聞我名者免三途 見我形者得解脫]."라고 하였다. 보리심을 발하여 언제 어디서 무엇을 하든 세상에 훌륭한 장엄이 되는 보살은 만약 중생이 그 이름을 듣거나 공양을 하거나 함께 있거나 하는 등등의 일로써 마땅히 최상의 정각을 이루게 될 것이다.

佛子야 譬如有藥하니 名爲善見이라 衆生見者가 衆毒悉除인달하야 菩薩도 如是하야 成就此法일새 衆生이 若見에 諸煩惱毒이 皆得除滅하고 善法增長이니라

"불자여, 비유하자면 마치 선견善見이란 약이 있는데 중생들이 보는 이는 모든 독이 소멸되는 것과 같이 보살도 이와 같아서 이 법을 성취하면 중생이 만약 보기만 하여도 모든 번뇌의 독이 다 소멸하고 선善한 법이 증장하느니라."

보리심을 발하여 온갖 훌륭한 법으로 장엄한 보살은 만약 중생이 친견만 하여도 중생의 번뇌의 독이 한꺼번에 다 소멸하고 선한 법이 증장한다. 사바세계 중생은 상견중생相見衆生이기 때문에 어떤 현상을 눈으로 보고 감화를 받는 경우가 많다. 세속에서도 견물생심이라 하지 않던가. 그래서 눈으로 볼 수 있는 불사에 열중하는 것이다.

16) 보살행의 인因의 덕

佛^불子^자야 菩^보薩^살摩^마訶^하薩^살이 住^주此^차法^법中^중하야 勤^근加^가修^수習^습하나니 以^이智^지慧^혜明^명으로 滅^멸諸^제癡^치闇^암하며

"불자여, 보살마하살이 이 법에 머물러서 부지런히 닦아야 하나니, 지혜의 광명으로 어리석음의 어둠을 소멸하느니라."

보살행의 인因의 덕이란, 보살행에는 원인에 해당하는 수행이 있고 결과에 해당하는 수행이 있는데 여기서는 수행하여 이룰 원인의 덕이다. 보리심을 발하여 온갖 훌륭한 법으로 장엄한 보살이 그 훌륭한 법에 머물렀을 때 다시 또 닦아야 하는 내용들을 밝혔다. 사람의 어리석음은 무엇으로 소멸하는가. 지혜로써 소멸한다. 세상의 어둠을 광명으로 없애는 것과 같다.

이 자 비 력   최 복 마 군
以慈悲力으로 **摧伏魔軍**하며

"자비의 힘으로는 마군을 꺾어 굴복하느니라."

마군은 무서운 힘이나 무기나 폭력으로 꺾는 것이 아니라 부드럽고 따뜻한 자비의 힘으로 꺾어 굴복시킨다. 무력이나 폭력은 끝내 무력과 폭력으로 되갚기 때문에 굴복시킬 수 없다. 자비의 힘으로 마군을 항복 받아야 한다.

청량스님은 "대저 다른 사람을 해치려 하면 반대로 자신을 해치게 된다. 진실로 사람을 편안하게 하려면 상대와 자신이 함께 편안해야 한다. 그러므로 부드러움은 굳센 것을 이기고 약한 것은 강한 것을 이긴다. 자비로 일체 중생을 편안하게 하여 악마가 해칠 수 없게 하라. 자비 선근의 힘은 그 공덕을 가히 헤아릴 수 없느니라."[7]라고 하였다.

---

7) 夫欲害人反招自害. 苟欲安人 則物我俱安. 故柔勝剛 弱勝强. 以慈安一切 惡魔無以施害. 慈善根力 其功叵量.

_{이 대 지 혜   급 복 덕 력   제 제 외 도}
以大智慧와 **及福德力**으로 **制諸外道**하며

"큰 지혜와 복덕의 힘으로 모든 외도들을 제어하느니라."

외도들을 제어하는 일도 그러하다. 그들이 훼불 사건을 저지르더라도, 사찰이 무너져라 기도하더라도 결코 분노와 테러와 무력으로 대응해서는 안 된다. 큰 지혜를 발휘하고 큰 복덕을 베풀어서 그들을 감동시켜야 한다. 마치 세존께서 코살라국의 유리왕을 감동시켰듯이 해야 한다.

_{이 금 강 정   멸 제 일 체 심 구 번 뇌}
以金剛定으로 **滅除一切心垢煩惱**하며

"금강의 선정으로 일체 마음의 번뇌를 제멸하느니라."

금강과 같이 굳고 날카롭고 빛나는 선정이라면 어떤 마음의 번뇌도 다 제거하고 소멸할 수 있을 것이다.

이 정 진 력　　　집 제 선 근
以精進力으로 **集諸善根**하며

"정진하는 힘으로 모든 선근을 모으느니라."

정진력이란 끊임없이 앞으로 또 앞으로 나아가는 힘이다. 사람들이 선근 공덕을 쌓더라도 대개 일회성에 그치고 마는 경우가 많다. 봉사를 하고 또 여러 가지 보살행을 하며 선근 공덕 쌓는 일을 지칠 줄 모르고 쉴 줄 모르면서 부단히 정진해야 한다.

이 정 불 토 제 선 근 력　　　원 리 일 체 악 도 제 난
以淨佛土諸善根力으로 **遠離一切惡道諸難**하며

"부처님 세계를 청정케 하는 모든 선근의 힘으로 일체 악도의 온갖 어려움을 멀리 여의느니라."

"부처님 세계를 청정케 한다."는 것은 정치와 교육과 종교와 자선과 봉사와 사회운동 등을 통해서 세상 사람들이 모두 정직하고 선량하고 성실하게 살도록 하여 참으로 아

름답고 향기로운 세상이 되도록 하는 일이다. 이와 같은 일이야말로 진정한 선근이다. 모두 이와 같이 산다면 일체 악도의 고난을 멀리 여읠 수 있으리라.

이 무 소 착 력   정 지 경 계
以無所着力으로 **淨智境界**하며

"집착함이 없는 힘으로 지혜의 경계를 깨끗이 하느니라."

사람이 지혜롭다는 것은 일체 존재에 집착이 없다는 것이다. 일체 존재에 집착이 없다는 것은 일체 법의 존재원리인 무상과 공과 무아의 이치를 잘 안다는 뜻이다. 무상과 공과 무아의 이치를 잘 안다면 무엇에 집착이 있겠는가.

이 방 편 지 혜 력   출 생 일 체 보 살   제 지 제 바
以方便智慧力으로 **出生一切菩薩**의 **諸地諸波**
라 밀   급 제 삼 매   육 통 삼 명   사 무 소 외   실
羅蜜과 **及諸三昧**와 **六通三明**과 **四無所畏**하야 **悉**

령 청 정
令淸淨하며

"방편과 지혜의 힘으로 일체 보살의 모든 지위와 모든 바라밀다와 모든 삼매와 육신통六神通과 삼명三明과 사무소외四無所畏를 출생하여 모두 청정케 하느니라."

일체 보살의 모든 지위는 십신, 십주, 십행, 십회향, 십지, 등각, 묘각이다. 이것을 보살의 52위 지위점차라 한다. 바라밀다는 십바라밀이다. 모든 삼매는 해인삼매와 화엄삼매와 십정품에서 밝힌 삼매들이다. 육신통은 여섯 가지의 신통력으로 천안통天眼通, 천이통天耳通, 타심통他心通, 숙명통宿命通, 신족통神足通, 누진통漏盡通이다. 삼명은 숙명명宿命明, 천안명天眼明, 누진명漏盡明을 이른다. 방편과 지혜의 힘으로 이 모든 것이 성취되어 청정하게 한다.

이 일 체 선 법 력   성 만 일 체 제 불 정 토   무 변
以一切善法力으로 **成滿一切諸佛淨土**와 **無邊**

상호   신어급심   구족장엄
相好와 **身語及心**하야 **具足莊嚴**하며

"일체 선한 법의 힘으로 일체 모든 부처님의 정토와 그지없이 잘 생긴 모양을 만족하게 성취하여 몸과 말과 마음을 구족하게 장엄하느니라."

사람이 사는 사회 환경과 주변의 권속과 도반들과 지방과 국토와 얼굴과 건강과 두뇌와 말과 마음 씀씀이를 모두 원만 구족하게 장엄하려면 온갖 선근을 많이 닦아야 한다. 그러므로 인생의 목적은 공덕을 짓고 공덕을 누리는 것이다.

이 지 자 재 관 찰 력   지 일 체 여 래   역 무 소 외
以智自在觀察力으로 **知一切如來**의 **力無所畏**와

불공불법   실개평등
不共佛法이 **悉皆平等**하며

"지혜로 자재하게 관찰하는 힘으로 일체 여래의 힘과 두려움 없음과 함께하지 않는 부처님 법이 모두 평등함을 아느니라."

여래의 힘은 십력+力[8]이다. 두려움 없음은 사무소외四無所畏[9]이다. 함께하지 않는 부처님 법은 십팔불공법十八不共法[10]이다. 지혜로 자재하게 관찰하는 힘이 있으면 이 모든 것이 다 평등함을 안다.

이 광 대 지 혜 력　　요 지 일 체 지 지 경 계
以廣大智慧力으로 **了知一切智智境界**하며

---

[8] 부처님이 갖추고 있는 십력은 처비처지력處非處智力, 업이숙지력業異熟智力, 정려해탈등지등지지력靜慮解脫等持等至智力, 근상하지력根上下智力, 종종승해지력種種勝解智力, 종종계지력種種界智力, 변취행지력遍趣行智力, 숙주수념지력宿住隨念智力, 사생지력死生智力, 누진지력漏盡智力이다.
　보살이 갖추고 있는 십력은 심심深心, 심신深信, 대비大悲, 대자大慈, 총지總持, 변재辯才, 바라밀波羅蜜, 대원大願, 신통神通, 가지加持이다.

[9] 부처님과 보살은 중생들을 교화할 때 네 가지 두려움 없는 자신감으로 설법을 하는데, 여기에 부처님의 사무소외와 보살의 사무소외가 있다. 부처님의 사무소외는 ① 일체지무소외一切智無所畏 : "나는 일체법一切法을 깨달았다."는 두려움 없는 자신 ② 누진무소외漏盡無所畏 : "나는 일체의 번뇌를 모두 끊었다."는 두려움 없는 자신 ③ 설장도무소외說障道無所畏 : "나는 깨달음에 장애가 되는 것을 모두 말했다."는 두려움 없는 자신 ④ 설출도무소외說出道無所畏 : "나는 괴로움의 세계에서 벗어나 해탈解脫에 이르는 길을 모두 말했다."는 두려움 없는 자신 등이다.
　보살의 사무소외는 ① 능지무소외能持無所畏 : 교법敎法을 잊지 않고 잘 기억하여 설법함에 두려움 없는 자신 ② 지근무소외知根無所畏 : 모든 중생의 근기를 잘 알아 그에 대한 적절한 설법을 하는 데 두려움 없는 자신 ③ 결의무소외決疑無所畏 : 중생의 의문을 해결해 주는 데 두려움 없는 자신 ④ 답보무소외答報無所畏 : 모든 물음에 대해 자유자재로 대답할 수 있는 두려움 없는 자신 등이다.

"광대한 지혜의 힘으로 일체 지혜의 지혜 경계를 분명하게 아느니라."

광대한 지혜의 힘은 곧 만유의 차별성을 아는 지혜와 만유의 평등성을 아는 지혜를 겸하고 있다. 그래서 광대한 지혜가 곧 일체 지혜의 지혜며, 일체 지혜의 지혜가 곧 광대한 지혜다.

이 왕 석 서 원 력　　수 소 응 화　　현 불 국 토
以往昔誓願力으로 **隨所應化**하야 **現佛國土**하고

전 대 법 륜　　도 탈 무 량 무 변 중 생
轉大法輪하야 **度脫無量無邊衆生**이니라

"지난 옛날의 서원誓願한 힘으로 마땅히 교화할 바를

---

10) 십팔불공법 또는 십팔불공불법十八不共佛法. 부처님께만 있는 공덕으로서 2승이나 보살들에게는 공동共同하지 않는 열여덟 가지. 신무실身無失·구무실口無失·의무실意無失·무이상無異想·무부정심無不定心·무부지이사無不知已捨·욕무감欲無減·정진무감精進無減·염무감念無減·혜무감慧無減·해탈무감解脫無減·해탈지견무감解脫知見無減·일체신업수지혜행一切身業隨智行·일체구업수지혜행一切口業隨智行·일체의업수지혜행一切意業隨智慧行·지혜지견과거세무애무장智慧知見過去世無礙無障·지혜지견미래세무애무장智慧知見未來世無礙無障·지혜지견현재세무애무장智慧知見現在世無礙無障.

따라 국토를 나타내고 법륜을 굴려서 한량없고 그지없는 중생을 제도하느니라."

보살이 지난 옛날 서원한 힘이란 근기를 따르고 수준을 따라 국토를 나타내고 도량을 나타내어 법을 설하여 중생을 제도하는 일이다.

17) 보살행의 과果의 덕德

(1) 큰 법사가 되어 법장을 호지하다

佛子_야 菩薩摩訶薩_이 勤修此法_{하면} 次第成就
불자   보살마하살   근수차법   차제성취

諸菩薩行_{하며} 乃至得與諸佛平等_{하야} 於無邊世
제보살행   내지득여제불평등   어무변세

界中_에 爲大法師_{하야} 護持正法_{하며} 一切諸佛之
계중   위대법사   호지정법   일체제불지

所護念_{이며} 守護受持廣大法藏_{하야} 獲無礙辯_{하야}
소호념   수호수지광대법장   획무애변

심입법문
深入法門하며

"불자여, 보살마하살이 이 법을 부지런히 닦아 차례대로 모든 보살행을 성취하며, 모든 부처님과 평등함을 얻어서 그지없는 세계에서 큰 법사가 되어 바른 법을 보호하여 가지고 일체 모든 부처님의 보호하심이 될 것이며, 넓고 큰 법장을 수호하여 가지고 걸림 없는 변재를 얻어 법의 문에 깊이 들어가느니라."

부처님께서 평생을 통해 가장 중요하게 생각하신 일은 자신이 깨달은 제법실상의 이치를 많은 중생들에게 널리 전파하는 것이었으며 또 삼보의 종성이 면면히 이어지면서 불법이 영원하도록 널리 가르치는 일이었다. 그래서 그지없는 세계에서 큰 법사가 되어 정법을 보호하여 지니는 것을 강조하셨다. 광대한 법장을 수호하고 받아 가져서 걸림이 없는 변재를 얻어 법의 문에 깊이 들어간다는 것도 역시 전법도생 傳法度生의 일이다. 이것이 보살행을 닦은 결과의 덕德이다.

어무변세계대중지중　수류부동　　보현기
於無邊世界大衆之中에 **隨類不同**하야 **普現其**

신　　색상구족　　최승무비　　이무애변　　교
身호대 **色相具足**하야 **最勝無比**하며 **以無礙辯**으로 **巧**

설심법　　기음원만　　선교분포고　　능령문자
說深法호대 **其音圓滿**하야 **善巧分布故**로 **能令聞者**로

입어무진지혜지문
入於無盡智慧之門하나라

"끝없는 세계 모든 대중 중에 종류가 같지 아니함을 따라 그 몸을 널리 나타내되, 몸매가 구족하여 훌륭하기 그지없으며, 걸림 없는 변재로 깊은 법을 교묘하게 말하거든, 그 음성이 원만하고 잘 퍼지며, 듣는 이로 하여금 다함이 없는 지혜의 문에 들어가게 할 것이니라."

역시 법을 전하여 중생을 제도하는 것이 보살행의 결과의 덕임을 밝혔다. 세계가 아무리 넓고 대중의 종류가 아무리 많더라도 그 많은 중생들 앞에 아름답고 수승한 몸을 나타내어 걸림 없는 변재로 깊고 깊은 법을 교묘히 설하여 사람들을 깨우치는 것이다. 그래서 법을 듣는 사람 모두 다함없

는 지혜의 문에 들어가게 한다.

(2) 세간이 함께 환희하다

知諸衆生의 **心行煩惱**하야 **而爲說法**에 **所出言音**이 **具足淸淨故**로 **一音演暢**하야 **能令一切**로 **皆生歡喜**하며 **其身**이 **端正**하야 **有大威力故**로 **處於衆會**에 **無能過者**하니라

"모든 중생의 마음의 흐름과 번뇌를 알아서 법을 설하되, 그 음성이 구족하고 청정하여 한 소리로 연설하되 능히 일체 중생이 다 환희하게 될 것이니라. 그 몸은 단정하고 큰 위엄의 힘이 있기 때문에 여럿이 모인 가운데 있을 적에 능히 더 나을 이가 없느니라."

보살행을 닦은 결과의 덕으로는, 중생의 마음의 흐름과

十八. 명법품明法品

번뇌를 잘 알아서 그들을 위하여 설법하는데 그가 내는 음성이 매우 청정하고, 한 소리로 법을 설하는데 일체 중생들이 다 알아듣고 모두들 환희심을 낸다. 또 보살행의 덕의 결과는 몸은 단정하고 큰 위엄의 힘이 있기 때문에 여럿이 모인 가운데 있을 적에 능히 더 나을 이가 없이 뛰어나다.

(3) 열 가지 자재自在를 나타내다

善知衆心故로 能普現身하며 善巧說法故로 音聲無礙하며 得心自在故로 巧說大法에 無能沮壞하며 得無所畏故로 心無怯弱하며 於法自在故로 無能過者하며

"여러 사람의 마음을 잘 아는 연고로 몸을 두루 나타내며, 교묘하게 법을 설하므로 음성이 걸림이 없으며, 마음이 자재하므로 큰 법을 연설하는 데 방해할 이가

없으며, 두려움 없음을 얻었으므로 겁약한 마음이 없으며, 법에 자재하므로 능히 더 지나갈 이가 없느니라."

　보살이 선근의 힘을 얻어서 수승하고 뛰어난 밝은 법이 더욱 증장함을 밝혔다. 먼저 삼업三業의 자재함을 보였다. 그리고 따로 여러 가지 자재를 밝히는데 변재辯才의 자재는 거듭 나오지만 결과를 달리 설명하여 중복이 아니다. 보살의 수승하고 뛰어나고 밝은 법이란 결국 법을 능숙하게 잘 설하는 것으로 일관하였다.

어지자재고　　　무능승자　　　반야바라밀자재
於智自在故로 **無能勝者**하며 **般若波羅蜜自在**
고　　소설법상　　불상위배　　　변재자재고　　수
故로 **所說法相**이 **不相違背**하며 **辯才自在故**로 **隨**
락설법　　상속부단　　　다라니자재고　　결정개
樂說法에 **相續不斷**하며 **陀羅尼自在故**로 **決定開**
시제법실상
示諸法實相하며

"지혜에 자재하므로 능히 이길 이가 없으며, 반야바라밀다에 자재하므로 설하는 바의 법상法相이 서로 어기지 아니하며, 변재辯才가 자재하므로 좋아하는 대로 법을 설하여 계속하여 끊어지지 아니하며, 다라니에 자재하므로 모든 법의 실상을 분명하게 열어 보이느니라."

지혜가 뛰어나면 세상에서 겁날 것이 없다. 누구도 그를 이기지 못한다. 인생은 지혜로 살아간다. 나라나 회사나 사찰이나 모두 지혜로 운영한다. 그러므로 모든 분야의 성공과 실패 여부는 지혜에 달려 있다. 반야바라밀도 또한 지혜다. 일체 법상을 조리 있게 설명하려면 그 또한 지혜가 있어야 한다. 변재와 다라니는 중생을 위해 법을 가르치는 데 필수적인 것이다.

辯才自在故로 隨所演說하야 能開種種譬喩之門하며 大悲自在故로 勤誨衆生에 心無懈息하며 大

자 자 재 고   방 광 명 망   열 가 중 심
慈自在故로 **放光明網**하야 **悅可衆心**하나니라

"변재가 자재하므로 연설할 바를 따라서 갖가지 비유의 문을 능히 열어 보이며, 대비大悲가 자재하므로 중생을 가르치는 마음이 쉬지 아니하며, 대자大慈가 자재하므로 광명그물을 놓아 대중들의 마음을 기쁘게 하느니라."

변재와 대비와 대자는 보살이 중생을 위하여 진리의 가르침을 열어 보이는 데 가장 중요한 교화 방편이다. 보살이 선근의 힘을 얻어 이와 같은 열 가지 자재를 나타내 보인 것이다.

(4) 여래의 법을 연설하다

보 살   여 시 처 어 고 광 사 자 지 좌   연 설 대 법
菩薩이 **如是處於高廣獅子之座**하야 **演說大法**에

유 제 여 래   급 승 원 지 제 대 보 살   기 여 중 생
唯除如來와 **及勝願智諸大菩薩**하고 **其餘衆生**은

무능승자   무견정자   무영탈자   욕이난
無能勝者하며 **無見頂者**하며 **無映奪者**라 **欲以難**

문   영기퇴굴   무유시처
問으로 **令其退屈**이 **無有是處**니라

 "보살이 이와 같이 높고 넓은 사자좌에 앉아서 큰 법을 연설함은 오직 여래와 수승한 서원과 지혜를 가진 큰 보살들을 제하고 다른 중생으로는 능히 이길 이가 없으며, 정상頂上을 볼 이가 없으며, 그 빛을 가릴 이가 없느니라. 힐난하고 따져 묻는 것으로는 그를 굴복시키는 것이 있을 수가 없느니라."

 보살이 선근의 힘을 얻어 이와 같은 열 가지 자재를 나타내 보일 수 있다면 그는 곧 여래와 다를 바 없다. 그래서 여래와 같이 사자좌에 높이 앉아서 큰 법을 연설하게 된다. 그래서 그와 같은 보살과 어깨를 나란히 할 사람은 오직 여래뿐이다. 혹 수승한 서원과 지혜를 갖춘 보살이라면 가능하지만 그 여타의 사람으로는 그와 견줄 이가 아무도 없다.

(5) 정법을 수지하여 스스로 장엄하다

佛子야 菩薩摩訶薩이 得如是自在力已에 假使
有不可說世界無量廣大道場에 滿中衆生하야 一
一衆生의 威德色相이 皆如三千大千世界主라도
菩薩이 於此에 纔現其身에 悉能映蔽如是大衆하야

"불자여, 보살마하살이 이렇게 자재한 힘을 얻은 뒤에는 가령 말할 수 없는 세계만큼 한량없는 넓고 큰 도량에 중생이 가득하였고, 그 낱낱 중생의 위덕과 색상이 모두 삼천대천세계의 임금과 같더라도, 보살이 여기에 잠깐만 나타나도 이와 같은 대중의 위세를 모두 가려 버리느니라."

여래의 정법을 수지하여 그것으로써 자신의 능력을 삼고, 자신의 스펙으로 삼고, 자신의 무기로 삼고, 자랑거리로 삼고, 얼굴로 삼고, 명예로 삼는다면 그보다 더 훌륭한 장엄은 없으리라. 그를 능가할 사람은 세상에 없으리라. 그런데

왜 출가 수행자들이 세속적 학벌과 세속적 명예와 세속적 부귀공명을 자신의 자랑거리로 여기는가? 여래의 정법으로 장엄한 보살은 하늘을 찌르는 자존심과 저 삼십삼천을 넘어가는 자긍심으로 세상을 호령할 수 있지 않는가?

필자는 강원을 졸업하는 졸업식에서 격려의 말을 부탁받으면 언제나 같은 말을 해 준다. "하버드나 옥스퍼드에서 원효스님과 의상스님이 배출되었다는 말은 듣지 못하였다. 오직 전통 불교의 교육기관인 이 강원에서 그와 같은 성인이 배출되었다. 여러분도 그분들이 공부한 같은 강원 출신이라는 점을 명심하라." 여래의 정법을 수지하는 장엄은 이와 같다.

以大慈悲로 安其怯弱하며 以深智慧로 察其欲樂하며 以無畏辯으로 爲其說法하야 能令一切로 皆生歡喜하나니

"큰 자비로써 그들의 겁약함을 위안하고, 깊은 지혜

로써 그들의 욕락을 살피고, 두려움 없는 변재로 그들을 위해서 법을 설하여 일체 중생들을 모두 환희케 하느니라."

그와 같은 여래의 정법을 수지한 장엄은 구체적으로 무엇인가? 큰 자비와 깊은 지혜와 두려움 없는 당당한 변재다. 큰 자비로써 두려워하고 겁먹고 고통받고 힘들어하고 눈물 흘리는 모든 중생에게 따뜻하고 편안한 어머니의 품이 되어 준다. 깊은 지혜로써 제법의 실상을 모르고 어리석고 몽매하고 캄캄한 중생들에게 밝은 길을 열어 준다. 두려움이 없는 변재로써 어떤 외도나 마군들 앞에서도 당당하게 설법하여 감화시킨다.

(6) 정법 수지의 10종 덕

하이고 불자 보살마하살 성취무량지혜
何以故오 佛子야 菩薩摩訶薩이 成就無量智慧

륜고 성취무량교분별고 성취광대정념력
輪故며 成就無量巧分別故며 成就廣大正念力

고 성 취 무 진 선 교 혜 고
故며 **成就無盡善巧慧故**며

"무슨 까닭인가. 불자여, 보살마하살이 한량없는 지혜를 성취한 연고며, 한량없이 교묘한 분별을 성취한 연고며, 광대하고 바른 생각의 힘을 성취한 연고며, 그지없는 공교한 지혜를 성취한 연고이니라."

정법을 수지하여 스스로를 장엄한 덕을 열 가지로 다시 밝혔다. 정법正法, 즉 바른 법이란 불교의 생명이다. 불교에서 가장 중요한 한마디만을 선택하라고 한다면 정법일 것이다. 그러므로 정법의 중요성은 아무리 강조해도 지나치지 않다. 반대로 삿된 법과 저급한 법과 임시방편의 법은 얼마나 많은가. 그래서 정법은 참으로 중요하다.

정법의 위력은 얼마나 뛰어난가? 만약 정법을 수지하면 한량없는 지혜를 성취하게 된다. 만약 정법을 수지하면 한량없는 교묘하고 능숙한 분별력을 성취하게 된다. 정법을 수지하면 넓고 크고 바른 생각의 힘을 성취하게 된다. 정법은 모든 문제를 해결하는 만능열쇠다. 정법은 무엇이든 만들어 내는 요술방망이다.

성취결료제법실상다라니고   성취무변제
成就決了諸法實相陀羅尼故며 **成就無邊際**

보리심고   성취무착류묘변재고
菩提心故며 **成就無錯謬妙辯才故**며

"모든 법의 실상을 분명히 아는 다라니를 성취한 연고며, 끝없는 보리심을 성취한 연고며, 그르치거나 오류가 없는 미묘한 변재를 성취한 연고이니라."

만약 정법을 수지하면 제법의 실상을 분명하게 아는 총지를 성취하게 된다. 정법이란 곧 제법의 실상이기 때문이다. 정법을 수지하게 되면 끝없는 보리심을 성취한다. 정법이란 곧 깨달음의 마음이며 깨달은 마음이며 깨달음을 실현하는 마음이다. 정법을 수지하게 되면 불법을 설하는 데 어떤 오류도 있을 수 없다. 설법에 오류가 없다면 비록 말은 서툴더라도 훌륭한 변재가 된다. 정법은 이와 같은 위신력이 있다. 그래서 정법 구현을 부르짖는 것이다.

성취득일체불가지심신해고　성취보입삼
成就得一切佛加持深信解故며 **成就普入三**
세제불중회도량지혜력고
世諸佛衆會道場智慧力故며

"일체 부처님의 가지加持를 얻어 깊이 믿고 이해함을 성취한 연고며, 삼세 모든 부처님들의 대중이 모인 도량에 두루 들어가는 지혜의 힘을 성취한 연고이니라."

만약 정법을 수지하면 또 모든 부처님의 가피가 저절로 따라온다. 굳이 가피를 얻으려고 목놓아 부르짖지 않아도 된다. 불법에 대한 깊은 믿음과 이해도 저절로 생기기 마련이다. 정법을 수지하면 언제나 모든 부처님의 도량에서 무수한 대중들과 함께하는 것이 된다. 설사 부처님의 배 속에 있더라도 정법을 외면한다면 부처님은 꿈에도 보지 못한 사람이다. 정법을 수지하여 부처님과 부처님의 대중들과 늘 함께하고 있다면 지혜의 힘은 저절로 따라온다.

成就知三世諸佛同一體性淸淨心故며 成就
三世一切如來智와 一切菩薩大願智하야 能作大
法師하야 開闡諸佛正法藏하며 及護持故니라

"삼세 모든 부처님들의 동일한 체성을 아는 청정한 마음을 성취한 연고며, 삼세의 일체 여래의 지혜와 일체 보살의 큰 서원과 지혜를 성취하고 능히 큰 법사가 되어서 모든 부처님의 바른 법장法藏을 열어 보이고 수호하여 유지하는 연고이니라."

부처님의 정법을 수지하게 되면 삼세 모든 부처님들의 체성이 동일하며 일체 보살과 일체 중생과 일체 생명의 체성이 동일함을 알아서 청정한 마음을 성취하게 된다. 정법을 수지하게 되면 일체 여래의 지혜와 일체 보살의 큰 서원과 지혜를 성취하고 능히 큰 법사가 되어서 모든 부처님의 바른 법장法藏을 열어 보이고 수호하게 될 것이다. 정법을 수지하지 않고서야 어찌 불법을 전파하는 큰 법사가 되겠는가. 정법

수지에 따르는 공능은 이와 같이 무량 무수 무변하다. 어찌 정법 수지의 깃발을 저 하늘 높이 흔들지 않겠는가.

4. 게송으로 거듭 설하다

1) 성취한 바 수행의 자체를 말하다

爾時_에 法慧菩薩_이 欲重宣其義_{하사} 承佛神力_{하고} 而說頌言_{하사대}

이때에 법혜보살이 그 뜻을 거듭 펴려고 부처님의 위신력을 받들어 게송으로 말하였습니다.

心住菩提集衆福_{하며} 常不放逸植堅慧_{하며}
正念其意恒不忘_{일새} 十方諸佛皆歡喜_{로다}

보리에 마음을 두어 여러 가지 복을 모으고
방일하지 아니하고 견고한 지혜 심으며
그 뜻을 바로 생각하여 잊지 않으니
시방의 부처님들 모두 환희하도다.

　보살이 보리심을 발하여 지혜와 자비의 마음인 보리에 그 마음이 머무르니 온갖 복이 다 모인다. 요즘의 한국불교는 복을 비는 기복祈福불교라고 한다. 어떻게 하면 복이 모일까? 깨달음과 지혜와 자비에 그 마음이 머무르면 된다. 목청껏 소리 지르면서 빌기만 한다고 복이 모이는 것이 아니다. 또 방일하지 말고 견고한 지혜를 심으라. 그 뜻을 바르게 생각하여 잊지 말라. 그러면 시방제불이 모두 기뻐할 것이다. 이 모두가 정법을 수지하므로 저절로 따라오는 공덕이다. 정법은 불교 수행의 두 길인 단혹斷惑과 성덕成德을 모두 성취시킨다.

염 욕 견 고 자 근 려
念欲堅固自勤勵하며　　어 세 무 의 무 퇴 겁
於世無依無退怯하며

이 무 쟁 행 입 심 법 　　　　시 방 제 불 개 환 희
以無諍行入深法일새　　**十方諸佛皆歡喜**로다

망념과 욕망이 견고하여 스스로 애써서
세상에 의지 없고 물러섬도 없고
다투지 않는 행으로 깊은 법에 드니
시방의 부처님들 모두 환희하도다.

 중생들의 미혹으로 일어나는 망념과 욕망들은 끝이 없다. 아무리 제거하고 제거해도 그 뿌리를 찾을 수 없다. 그러므로 제거하려 하지 말고 그 망념과 욕망들이 진여불성과 참생명의 활발발活鱍鱍한 작용이라고 보는 견해를 가져야 한다. 그와 같은 견해로 바뀌게 되면 세상에 대해서 달리 매달리고 의탁할 일이 없으며 두려워하여 물러설 일도 없다. 그것이 곧 다툼이 없고 갈등이 없는 행으로 깊은 이치에 들어가는 길이다. 이미 망념은 망념이 아니고 욕망은 욕망이 아니기 때문에 굳이 제거할 이유가 없다. 그래서 시방의 부처님들이 모두 환희하리라.

十八. 명법품明法品

불 환 희 이 견 정 진 　　수 행 복 지 조 도 법
佛歡喜已堅精進하야　　**修行福智助道法**하야

입 어 제 지 정 중 행 　　만 족 여 래 소 설 원
入於諸地淨衆行하며　　**滿足如來所說願**이로다

부처님이 환희하매 더욱 굳게 정진해
복과 지혜 조도법助道法을 닦아 행하며
모든 지위의 청정한 온갖 행에 모두 들어가
여래가 말한 서원 만족케 하네.

　부처님의 정법을 수지한 보살의 수행이 더욱 깊어지면 반드시 부처님은 기뻐할 것이고 보살은 더욱 정진할 것이다. 자녀가 자신이 한 일에 부모가 기뻐하면 그 일을 더욱 열심히 하는 것과 같다. 그래서 한층 더 복과 지혜와 조도법助道法을 닦아 행할 것이다. 그래서 모든 지위의 청정한 온갖 행에 모두 들어가서 여래가 말한 서원을 만족케 할 것이다.

여 시 이 수 획 묘 법 　　기 득 법 이 시 군 생
如是而修獲妙法하고　　**旣得法已施群生**호대

수 기 심 락 급 근 성　　　실 순 기 의 위 개 연
隨其心樂及根性하야　　**悉順其宜爲開演**이로다

이와 같이 닦아서 묘한 법을 얻고
묘한 법을 얻고 나서는 중생에게 베풀되
그들의 마음이나 근성을 따라
적당한 형편대로 연설하도다.

이와 같이 수행하여 묘법을 얻고는 그 묘법으로 무엇을 할 것인가. 오로지 중생들에게 베풀 뿐이다. 마음에 즐겨하는 바를 따르고 근성을 따라서 편리한 대로 법을 설한다.

보 살 위 타 연 설 법　　　불 사 자 기 제 도 행
菩薩爲他演說法호대　**不捨自己諸度行**하며
바 라 밀 도 기 이 성　　　상 어 유 해 제 군 생
波羅蜜道旣已成에　　**常於有海濟群生**이로다

보살이 남을 위해 법을 설하나
자기의 모든 바라밀을 버리지 않고
바라밀에 가는 길을 이룬 뒤에는

삼계에서 언제나 중생을 제도하네.

보살은 정법을 수지하여 남을 위해 법을 설하지만 자신이 닦아야 할 바라밀을 버리지 않는다. 자신이 닦아야 할 바라밀을 이룬 뒤에는 항상 3계 25유의 모든 중생을 열심히 제도한다.

주야근수무해권
晝夜勤修無懈倦하야

영삼보종부단절
令三寶種不斷絕하며

소행일체백정법
所行一切白淨法으로

실이회향여래지
悉以廻向如來地로다

밤낮으로 닦고 닦아 게으르지 않고
삼보三寶의 종성種性을 끊지 않으며
닦아 행한 일체의 선한 법[白淨法]으로
모두 다 여래의 경지에 회향하도다.

여래의 정법을 수지하는 보살은 수행에 게으르지 않는다. 어떠한 일이 있어도 삼보의 종성이 끊어지지 않게 한다.

닦아 익힌 모든 선한 법으로 결국 여래의 경지에 회향한다.

2) 수행으로 이룬 덕을 말하다

보 살 소 수 중 선 행　　　　보 위 성 취 제 군 생
菩薩所修衆善行이　　**普爲成就諸群生**하야
영 기 파 암 멸 번 뇌　　　　항 복 마 군 성 정 각
令其破闇滅煩惱하며　　**降伏魔軍成正覺**이로다

보살의 닦아 익힌 모든 선한 행

중생들을 성취하기 위한 것이니

그들의 어두움을 깨뜨리고 번뇌를 소멸하며

마군을 항복 받아 정각을 이루게 하네.

정법을 수지하는 보살은 어떤 선한 행을 닦아 익히더라도 모두가 중생을 성숙시키고 교화하기 위한 것이다. 어리석음의 어둠을 다 깨뜨리고 번뇌를 소멸하게 하며 마군을 항복 받고 끝내 정각을 이루게 하려는 것이다.

여 시 수 행 득 불 지   심 입 여 래 정 법 장
如是修行得佛智하야   **深入如來正法藏**하야

위 대 법 사 연 묘 법   비 여 감 로 실 점 쇄
爲大法師演妙法하니   **譬如甘露悉霑灑**로다

이와 같이 수행하여 부처님의 지혜를 얻고
여래의 바른 법장에 깊이 들어가
큰 법사가 되어 묘한 법을 연설하나니
비유컨대 감로수를 골고루 뿌려 주듯 하도다.

정법을 수지한 보살은 수행의 결과로 부처님이 깨달아서 터득하신 지혜를 모두 얻는다. 그리고 여래의 바른 법장에 깊이 들어가서 여래와 다름없는 큰 법사가 되어 무상심심미묘법을 연설한다. 그 설법을 듣는 중생들은 마치 10년 가뭄에 단비를 만난 듯이 감로의 법비에 흠뻑 젖는다.

자 비 애 민 변 일 체   중 생 심 행 미 부 지
慈悲哀愍徧一切하며   **衆生心行靡不知**하야

여 기 소 락 위 개 천   무 량 무 변 제 불 법
如其所樂爲開闡하나니   **無量無邊諸佛法**이로다

자비로 애민하심이 일체에 두루 하여
중생의 마음과 행동 모두 다 알고
그들의 욕망대로 연설하나니
한량없고 그지없는 모든 부처님의 정법이로다.

정법을 수지한 보살은 자신이 깨달은 정법을 생각하고 만 중생을 돌아보면 자비심과 애민심이 저절로 일어난다. 그 마음으로 중생들의 마음과 낱낱 행위를 다 알아 그들이 즐기고 좋아하는 바를 따라 알맞게 정법을 열어 보인다. 참으로 한량없고 그지없는 모든 부처님의 정법이어라.

진 지 안 서 여 상 왕
進止安徐如象王하며

용 맹 무 외 유 사 자
勇猛無畏猶獅子하며

부 동 여 산 지 여 해
不動如山智如海하며

역 여 대 우 제 중 열
亦如大雨除衆熱이로다

나아가고 머무름에 편안하고 조용함이 코끼리 같고
용맹하고 공포 없음이 사자와 같으며
움직이지 않음은 산과 같고 지혜는 바다 같으며

또한 큰 비가 모든 열기를 식히듯 하도다.

정법을 수지한 보살은 일상에서 나아가고 머무르고 물러섬이 마치 큰 코끼리가 침착하고 편안하게 천천히 걷는 모습과 같다. 또 때로는 용맹스러워 그 무엇도 두려워하지 않는 것이 마치 사자와 같다. 또 어떤 경계가 앞에 나타나더라도 동요하지 않는 것이 태산과 같다. 깊고 넓은 지혜는 마치 바다와 같다. 또한 진리의 법을 설하여 중생들의 번뇌의 열기를 식히는 것은 여름날 큰 비가 내려 대지를 흠뻑 적시는 것과 같다. 정법을 수지한 보살의 덕과 그 공능을 밝히고 찬탄할 것이 어찌 이뿐이겠는가. 세세생생 찬탄해도 다하지 못하리라.

時에 法慧菩薩이 說此頌已에 如來가 歡喜하시며
大衆이 奉行하니라

그때에 법혜보살이 이 게송을 설하고 나니 여래는

환희하시고 대중들은 받들어 행하였습니다.

 법혜보살의 설법이 이치에도 맞고 근기에도 맞으므로[契理合機] 여래가 모든 내용을 증명하고 보증하는 뜻으로 환희하였다. 그리고 이 설법을 들은 대중들은 믿고 받아 지니며 받들어 행하게 된 것이다.

 정법의 가치와 중요성과 위대함과 유익함을 일일이 드러내어 밝혔다. 초발심한 보살의 공덕을 알고 나서 발심을 더욱 분명히 하기 위하여 그 공덕에 따르는 정법을 드러내 밝히는 명법품이 이와 같이 끝났다. 명법품을 낱낱이 천착하며 공부하고 나니 이 한 품만으로도 충분히 독립된 한 권의 경전이라는 생각이 든다. 불교 안에서도 삿된 법이 난무하는 이 말세에 부처님의 정법이 얼마나 소중하고 위대한 것인가를 다시 한 번 깨닫게 한다.

 제3회 6품 설법의 마지막 품이 끝났다.

명법품 끝

〈제18권 끝〉

華嚴經 構成表

分次	周次			內容	品數	會次
舉果勸樂生信分 (信)	所信因果周			如來依正	世主妙嚴品 第一 如來現相品 第二 普賢三昧品 第三 世界成就品 第四 華藏世界品 第五 毘盧遮那品 第六	初會
修因契果生解分 (解)	差別因果周	差別因		十信	如來名號品 第七 四聖諦品 第八 光明覺品 第九 菩薩問明品 第十 淨行品 第十一 賢首品 第十二	二會
				十住	昇須彌山頂品 第十三 須彌頂上偈讚品 第十四 十住品 第十五 梵行品 第十六 初發心功德品 第十七 明法品 第十八	三會
				十行	昇夜摩天宮品 第十九 夜摩天宮偈讚品 第二十 十行品 第二十一 十無盡藏品 第二十二	四會
				十迴向	昇兜率天宮品 第二十三 兜率宮中偈讚品 第二十四 十迴向品 第二十五	五會
				十地	十地品 第二十六	六會
				等覺	十定品 第二十七 十通品 第二十八 十忍品 第二十九 阿僧祇品 第三十 如來壽量品 第三十一 菩薩住處品 第三十二	七會
		差別果		妙覺	佛不思議法品 第三十三 如來十身相海品 第三十四 如來隨好光明功德品 第三十五	
	平等因果周	平等因			普賢行品 第三十六	
		平等果			如來出現品 第三十七	
托法進修成行分 (行)	成行因果周			二千行門	離世間品 第三十八	八會
依人證入成德分 (證)	證入因果周			證果法門	入法界品 第三十九	九會

(資料：文殊經典研究會)

會場	放光別	會主	入定別	說法別舉
菩提場	遮那放齒光眉間光	普賢菩薩為會主	入毘盧藏身三昧	如來依正法
普光明殿	世尊放兩足輪光	文殊菩薩為會主	此會不入定，信未入位故	十信法
忉利天宮	世尊放兩足指光	法慧菩薩為會主	入無量方便三昧	十住法門
夜摩天宮	如來放兩足趺光	功德林菩薩為會主	入菩薩善思惟三昧	十行法門
兜率天宮	如來放兩膝輪光	金剛幢菩薩為會主	入菩薩智光三昧	十迴向法門
他化天宮	如來放眉間毫相光	金剛藏菩薩為會主	入菩薩大智慧光明三昧	十地法門
再會普光明殿	如來放眉間口光	如來為會主	入剎那際三昧	等妙覺法門
三會普光明殿	此會佛不放光，表行依解法依解光故	普賢菩薩為會主	入佛華莊嚴三昧	二千行門
祇陀園林	放眉間白毫光	如來善友為會主	入獅子頻申三昧	果法門

如天 無比

1943년 영덕에서 출생하였다. 1958년 출가하여 덕흥사, 불국사, 범어사를 거쳐 1964년 해인사 강원을 졸업하고 동국역경연수원에서 수학하였다. 10여 년 선원생활을 하고 1976년 탄허 스님에게 화엄경을 수학하고 전법, 이후 통도사 강주, 범어사 강주, 은해사 승가대학원장, 대한불교조계종 교육원장, 동국역경원장, 동화사 한문불전승가대학원장 등을 역임하였다.

2018년 5월에는 수행력과 지도력을 갖춘 승랍 40년 이상 되는 스님에게 품서되는 대종사 법계를 받았다. 현재 부산 문수선원 문수경전연구회에서 150여 명의 스님과 300여 명의 재가 신도들에게 화엄경을 강의하고 있다. 또한 다음 카페 '염화실'(http://cafe.daum.net/yumhwasil)을 통해 '모든 사람을 부처님으로 받들어 섬김으로써 이 땅에 평화와 행복을 가져오게 한다.'는 인불사상人佛思想을 펼치고 있다.

저서로 『무비 스님의 유마경 강설』(전 3권), 『대방광불화엄경 실마리』, 『무비 스님의 왕복서 강설』, 『무비 스님이 풀어 쓴 김시습의 법성게 선해』, 『법화경 법문』, 『신금강경 강의』, 『직지 강설』(전 2권), 『법화경 강의』(전 2권), 『신심명 강의』, 『임제록 강설』, 『대승찬 강설』, 『당신은 부처님』, 『사람이 부처님이다』, 『이것이 간화선이다』, 『무비 스님과 함께하는 불교공부』, 『무비 스님의 증도가 강의』, 『일곱 번의 작별인사』, 무비 스님이 가려 뽑은 명구 100선 시리즈(전 4권) 등이 있고 편찬하고 번역한 책으로 『화엄경(한글)』(전 10권), 『화엄경(한문)』(전 4권), 『금강경 오가해』 등이 있다.

대방광불화엄경 강설 제18권

| 초판 1쇄 발행_ 2015년 2월 9일
| 초판 3쇄 발행_ 2021년 7월 10일

| 지은이_ 여천 무비(如天 無比)
| 펴낸이_ 오세룡
| 편집_ 박성화 손미숙 유나리
| 기획_ 최은영 곽은영
| 디자인_ 고혜정 김효선 장혜정
| 홍보 마케팅_ 이주하
| 펴낸곳_ 담앤북스
    서울특별시 종로구 새문안로3길 23 경희궁의 아침 4단지 805호
    대표전화 02)765-1251 전송 02)764-1251 전자우편 damnbooks@hanmail.net
    출판등록 제300-2011-115호
| ISBN 978-89-98946-45-6 04220

정가 14,000원

ⓒ 무비스님 2015